POCHES ODILE JACOB

L'Histoire, la Sociologie et l'Anthropologie

Université
de tous les savoirs 2

sous la direction
d'Yves Michaud

L'Histoire, la Sociologie et l'Anthropologie

POCHES
ODILE JACOB

L'équipe de l'Université de tous les savoirs était composée de : Yves Michaud (conception et organisation), Gabriel Leroux (assistant à la conception et à l'organisation), Sébastien Gokalp (programmation et suivi éditorial), Audrey Techer (documentation et suivi éditorial), Juliette Roussel (rédaction et suivi éditorial), Agnès de Warenghien (communication et production audiovisuelle), Julie Navarro (gestion), Karim Badri Nasseri (logistique), Catherine Lawless (communication et études de la mission 2000 en France).

15, RUE SOUFFLOT, 75005 PARIS

www.odilejacob.fr

ISBN : 2-7381-1055-X
ISSN : 1621-0654

Introduction

Qu'est-ce que l'*Université de tous les savoirs* ? Une série de trois cent soixante-six conférences sur les sciences, les techniques, les sociétés, les productions de l'esprit et les cultures, données chaque jour de l'année 2000 par les plus grands spécialistes à l'attention d'un large public. Il s'agissait de parcourir les différents domaines de la connaissance dans un esprit qui est à la fois celui du bilan encyclopédique et celui du questionnement d'avenir.

La programmation a suivi trois étapes. D'abord il fut demandé à l'ensemble de la communauté savante quels thèmes devaient être traités. Dans un second temps, des groupes de spécialistes m'ont aidé à faire le tri des très nombreuses propositions faites (1 700). Finalement, j'ai organisé les suggestions retenues en un ordre à la fois thématique et narratif s'étendant sur toute l'année 2000.

L'ensemble du cycle des conférences a été publié une première fois en six forts volumes qui suivent exactement son déroulement. L'édition de poche reprend maintenant pour l'essentiel cet ordre en accentuant l'ordre thématique aux dépens du cycle narratif. On y retrouve donc l'essentiel des modules mais parfois complétés par des conférences données sur un autre objet. La contrainte du déroulement annuel imposait une forte linéarité et ces regroupements réintroduisent un ordre hypertextuel et des croisements souhaités dès le départ. À l'intérieur de chacun des nouveaux volumes, les conférences sont présentées dans la chronologie où elles furent données, sans redistribution des sujets.

Chaque fois que c'était possible, j'avais en effet privilégié des approches transversales portant sur des thèmes ou des objets comme la vie, les territoires, la ville, l'État, la population humaine, la matière, les thérapies, la production de la richesse, etc.

L'ensemble de ces leçons présenté maintenant sous cette nouvelle forme constitue une approche *contemporaine* des savoirs, des techniques et des pratiques tournée vers les questions qui nous importent en ce début de XXIe siècle. La réflexion est appelée par la rencontre de ces approches, leur dialectique, et même leurs contradictions.

Il faisait partie du concept de l'Université de tous les savoirs que son parcours soit régulièrement complété et redéfini en fonction du développement des recherches et des questions qui apparaissent. De nouvelles conférences de l'Université de tous les savoirs ont commencé en juillet 2001 et se poursuivent depuis octobre de la même année à un rythme hebdomadaire, tous les jeudis.

Elles feront l'objet de publications régulières et sont d'ores et déjà accessibles sur le site www.tous-les-savoirs.com qui est appelé à devenir le portail d'accès à cette connaissance en mouvement.

Yves Michaud

Le comité de choix de sujets pour les sciences était composé de : Jean Audouze (Palais de la découverte), Sébastien Balibar (École normale supérieure), Jean-Pierre Changeux (Collège de France), Alain Connes (Collège de France), Odile Eisenstein (Université Montpellier-II), Élisabeth Giacobino (École normale supérieure), Étienne Klein (CEA), Christian Minot (Université Paris-VI), Guy Ourisson (président de l'Académie des sciences). Pour les techniques et les technologies, le comité était composé de : Jean-Jacques Duby (École supérieure d'Électricité), Robert Ducluzeau (INRA), Jean-Claude Lehman (Saint-Gobain), Jacques Levy (École des mines de Paris), Joël Pijselman (EURODIF), Didier Roux (Rhône-Poulenc et CNRS). Pour les sciences humaines et sociales, le comité était composé de : Olivier Houdé (Université Paris-V), Françoise Héritier (Collège de France), Catherine Labrusse (Université Paris-I), Jean-Hervé Lorenzi (Université Paris-IX), Pascal Ory (Université Paris-I), Denise Pumain (Université Paris-I), François de Singly (Université Paris-V).

La psychologie : les conditions de la survie

par FRANÇOISE PAROT

Parmi les psychologues, beaucoup ont un avis sur le présent et l'avenir de la psychologie : Olivier Houdé par exemple a énoncé que « l'avenir de la psychologie c'est l'imagerie cérébrale* » ; on peut craindre qu'il ait raison et si l'avenir de la psychologie est là, elle est comme nous autres mortels : son avenir est à sa disparition. Nous voilà au cœur un peu lugubre de cette série de conférences : « Existe-t-il encore des sciences humaines » ? Cœur nostalgique, préparé au deuil : les sciences humaines sentent le sapin.

Pour répondre, il faut, sur la base d'une pratique d'histoire des sciences, singulièrement des sciences humaines, s'efforcer de déterminer la dynamique de la psychologie contemporaine, de discerner des signes d'espoir au chevet de qui serait mourante. Et pourtant, une discipline aussi jeune, quelle perte ! Foucault avait la dent dure sur cette jeunesse éternelle de la psychologie ; en 1957, il écrivait : « Depuis le temps que la psychologie est une science jeune, elle aurait eu le temps de prendre un peu d'âge ! Je veux bien que l'indulgence sénile des psychologues en état d'enfance s'amuse et consente que jeunesse se passe. Mais voilà que le temps de la jeunesse a passé sans que jeunesse

---

Texte de 92e conférence de l'Université de tous les savoirs donnée le 1er avril 2000.

* Voir Université de tous les savoirs, volume I, *Qu'est-ce que la vie ?* p. 311-315.

ait jamais passé » (1994, p. 155). Propos sinistres et désespérants. Et cependant... il reste des psychologues.

De fait, il y a des psychologues, et vraiment beaucoup mais il n'est pas assuré que tous cherchent. Certains d'entre eux sont payés par la République pour chercher ; ce sont les « chercheurs en psychologie » ; ils vivent dans des laboratoires, du CNRS ou de l'INSERM quelquefois. Là, ils isolent dans une salle un individu appelé sujet, le plus souvent humain, ils le soumettent à des tâches aussi saugrenues que calibrées, recueillent et mesurent méticuleusement ses activités. Ceux-là sont en général peu bavards, ils n'échangent avec leur sujet que quelques mots, ceux de la consigne expérimentale, très standardisée, égalitariste en somme, la même pour tous, un homme en vaut un autre dans le compte, à la fin. Car chez ces psychologues-là, on parle peu, on compte. On en tire des conclusions tout à fait générales et même universelles sur la mémorisation des mots, sur la vision des couleurs, sur la résolution de problèmes, cela chez l'adulte, chez l'enfant, chez le chimpanzé, sans craindre de découvrir ce qu'en fait on sait quelquefois déjà ; comme le remarquait M. Foucault encore, devant une expérience qui voulait démontrer que les enfants mentent pour éviter les punitions... « Il y a de ces maniaques de l'indiscrétion qui, pour regarder à travers une porte vitrée, se penchent au trou de la serrure. » (1994, p. 157).

Ces psychologues, qui se qualifient d'un « scientifiques » appuyé pour en dire long sur les autres, fondent leurs travaux sur la conviction que la vérité de l'homme est épuisée par son être naturel. Ils inscrivent leurs travaux expérimentaux dans une longue tradition, au sein de laquelle on trouve Piaget aussi bien que Skinner ou Chomsky ; bien que les conceptions de ces grands maîtres aient souvent été présentées comme tout à fait inconciliables, elles partagent toutes la conviction que l'homme peut être étudié isolément de tout environnement humain, que ses fonctions psychologiques comme le langage, la mémoire, la perception sont universellement les mêmes. Ce qui menait ces théoriciens extrêmement cohérents à en conclure que la psychologie n'est qu'un moment ou qu'une branche de la biologie. Lucidité que tous leurs épigones n'eurent pas et dont ils ne mesurèrent pas toujours les conséquences. Car chacun d'eux, à sa manière, a ouvert la porte à la mort de la psychologie : puisque le conditionnement skinnérien repose sur un mécanisme neurologique de mise en rapport d'une stimulation sensorielle avec une réponse motrice, puisque les capacités d'assimilation et d'accommodation piagétiennes sont des caractéristiques du vivant, puisque les compétences langagières reposent selon Chomsky sur un noyau inné... Il fallait bien, qu'à un moment ou un autre du processus de recherche, les biologistes passent à l'acte, entrent dans la chair et nous en disent le fin mot. Les neurosciences sont nées là, dans cet abandon à la Nature ; alors a commencé le processus mortifère de la psychologie de laboratoire : sa dévoration par le bas, par la réduction. Car si la causalité psychologique est d'ordre biologique, voilà que se profile la fin de l'existence de cette science humaine : l'imagerie cérébrale permet de faire voir les opérations mentales dont les psychologues de laboratoire construisent l'hypothèse dans le silence, avec leurs sujets ; reste à en déterminer non la causalité psychique, mais la causalité neurophysiologique. Les chercheurs en psychologie doivent se contenter — mais peut-être l'ont-ils toujours fait ? — de préparer le travail des neurosciences ; ils sont en amont du travail et s'éclipsent au moment décisif, celui qui consiste à rendre raison des phénomènes.

D'une certaine façon, cette soumission de la psychologie aux sciences naturelles pourrait n'être qu'un drame local si les discours de la psychologie restaient sans effet sur ceux qui les entendent, c'est-à-dire nous, les humains. Mais avec ce discours naturaliste, la psychologie nous naturalise, et même nous déshumanise puisqu'elle se passe fort bien de ce qui fait l'humain dans l'homme : la subjectivité, l'histoire, le vécu, le sens, les autres, l'éprouvé comme disent les phénoménologues. C'est que les sciences humaines doivent endosser une responsabilité éthique que n'ont pas à endosser les sciences de la nature : quand Copernic affirme l'héliocentrisme, il ne fait pas tourner la Terre autour du Soleil ; mais quand Freud énonce qu'il y a de l'inconscient, comment être sûr qu'il ne nous l'offre pas pour un bon siècle ? comment être sûr qu'en affirmant que nos enfants apprennent en passant par des stades cognitifs de plus en plus logiques, les piagétiens et les pédagogues qui les ont suivis n'en ont pas fait des machines à calculer ? Autrement dit, comment dédouaner les sciences de l'homme de leur influence sur le réel qu'elles étudient ? Tous les discours s'adressent aux humains. Les discours sur les humains aussi ; ils entendent ces discours sur eux-mêmes, comment penser que ce qui est énoncé, qui plus est avec l'autorité certificatrice que confère la science, reste sans effets ? Qui se préoccupe des effets de ces discours naturalisants ?

Qui ? D'autres psychologues, d'un genre différent, beaucoup plus nombreux. Ce sont les psychologues cliniciens, les psy. Il y en a dehors, dans certains immeubles, dans les écoles, dans les crèches, aux Restos du Cœur, dans les hôpitaux, au chevet des mourants, des accouchées, des à peine nés, des victimes d'attentat, et même des animaux domestiques... Ceux-là cherchent aussi, mais autre chose, ils cherchent à aider, à faire passer le mal de vivre, d'aimer ou de mourir, avec des paroles de réconfort ou d'encouragement, et en s'ouvrant aux paroles des autres. Ils font prendre des bains de mots qui disent la souffrance psychique ; selon la formule d'Heidegger, ils « plongent dans le sens ». Ils ont une fonction, un devoir, ils doivent donner un sens à ces mots, à cette souffrance, c'est-à-dire l'intégrer dans une histoire personnelle ou collective, calmer en humanisant, en faisant sortir de l'isolement, à l'intérieur. Ils doivent influencer avec des mots et dans le cadre aussi de certains rites attendus de chacun, faits de gestes, de regards, de postures ; cette psychologie-là est une pratique rituelle, et efficace, comme les autres. Ce serait d'ailleurs un beau thème d'avenir pour une psychologie ressuscitée : par quels mécanismes ou processus psychologiques, proprement psychologiques, les discours et les rites forgent-ils les façons de se conduire ?

De l'homme en général, des hommes, ces psy de la rue doivent, pour bien faire, avoir une grande expérience, avoir le sens de l'humain, c'est ce qu'on attend d'eux ; ils doivent en avoir vu de toutes les couleurs de l'humain, en avoir entendu des vertes et des pas mûres pour ne pas s'effrayer et lâcher qui ils mènent. Or la traque est pleine de surprises : il n'y a rien de plus divers, de plus complexe que les hommes. Comment acquérir ce savoir, cette science de l'humain ? Descartes, dans les *Méditations* y insistait : pas de science si Dieu est un Malin Génie et s'amuse à changer le monde tous les matins : si la Nature change de lois dès que Dieu fait un caprice, les physiciens n'énonceront aucune vérité universelle. Avec l'Homme, malheureusement pour les psychologues, Dieu a mis de la malice ; car d'une époque à l'autre, d'un lieu à l'autre, les hommes ont changé, changent sous nos yeux. Autrement dit, pas de Nature Humaine aux lois immuables ; comme le disaient N. Elias, J.-P. Vernant ou I. Meyerson, nous n'avons pas une mémoire, une conscience ou un inconscient, une intelligence comme nous avons un estomac, un cœur ou une jambe. Ce qui est proprement humain, avec quoi les praticiens doivent faire et que les psychologues de laboratoire oublient, c'est cette faculté de symbolisation perpétuelle qui double le monde des choses, le monde réel, avec des mots et du symbolique.

Des praticiens de l'humain donc, en nombre, livrés un peu à eux-mêmes, formés de bric et de broc. En France pas d'institution de recherche officielle pour eux, pas de postes au CNRS ou à l'INSERM. Cette pratique dans le monde réel ne repose sur aucune formation théorique certifiée, sur aucun enseignement d'anthropologie au sens général, kantien, ou de sociologie, ou d'histoire, l'humain ici ne s'enseigne pas ; cette pratique des psy reste à l'écart de la recherche scientifique et elle ne parvient même pas à imposer à ceux qui font officiellement de la recherche scientifique ses exigences précises, celles qui naissent de la pratique. Ceux-là donc qui travaillent le matériau humain ne font de recherches que sur le tas, ce sont en quelque sorte des artisans et si l'on veut qu'un étudiant en psychologie devienne un jour spécialiste en humain, il ne lui faut que cinq ans d'études, pas plus, cinq ans seulement avec un stage pas forcément profitable et on le lâche, en liberté, dans nos villes pour aider à vivre, à aimer, à désaimer ou à mourir. Et dans ces cinq ans d'études, beaucoup passées à des statistiques, de la physiologie, de l'anglais, de l'expérimentation. Bien formé ? Pas formé à la rue, à la maladie ou à la souffrance psychiques, pas formé aux autres. Cinq ans, c'est peu de temps pour apprendre le savoir-faire, le tour de main dans l'humain. Foucault, toujours lui décidément, écrivait en 1957 ce qui vaut presque encore aujourd'hui : « Tout le monde convient qu'un licencié en psychologie ne sait rien et ne peut rien faire, puisqu'il a préparé tous ses certificats dans le jardin en deux après-midi d'été » (1994, p. 145). Quelques détails ont changé, il doit falloir une semaine.

Pourtant, cette psychologie-là, celle qui est appelée à l'aide, a encore de l'avenir. La pilule du bonheur, quelque nom barbare qu'on lui invente, n'est pas encore à nos chevets. Chacun de nous, chacun sans presque d'exception, à un moment ou l'autre, a besoin de prendre un bain de mots qui calment et humanisent. Les pilules calment mais elles n'humanisent pas. Il faudrait peut-être que la psychologie qui humanise ait droit de cité dans la recherche scientifique et étudie les nombreuses questions théoriques qui traversent la clinique. Un exemple : quand on relit ce qu'écrivaient les phénoménologues, Merleau-Ponty, Binswanger, surgit la question de la nature de la compréhension que le clinicien doit avoir de la conduite de l'autre, pathologique ou non. Comprendre, est-ce découvrir le sens profond mais invisible, non objectivé, du comportement, comme Colomb découvrit l'Amérique ? Ou bien comprendre est-ce inventer le sens de la conduite, le conférer avec des mots ? Le sens est-il déjà là dans la conduite, au fond, caché, ou la conduite attend-elle qu'on lui en donne un ? Question redoutable mais décisive cependant pour une psychologie qui voudrait renaître de ses cendres.

Autre question théorique : quels sont les effets psychologiques de la « naturalisation », de cette pente sans fond où nous entraîne la biologie qui nous fascine ? Le premier, le plus simple de ces effets, c'est que chacun de nous a fini par être persuadé que quelque part, à l'intérieur de lui, il y a un inconscient, une personnalité, une intelligence, des affects aussi, et des pulsions. Après une lecture même distraite d'un freudisme quelquefois de bazar et bien médiatisé, nos étudiants sont par exemple persuadés qu'au-dedans de leur corps, il y a des pulsions, qui, évidemment, les poussent. À quoi ? À faire ce qu'ils ont envie de faire et d'ailleurs, autre responsabilité éthique de cette psychologie, ça les pousse à faire ce qu'ils ont « bien le droit de faire », puisque c'est plus fort qu'eux, entendez plus fort que leur volonté ou leur conscience, parce que c'est naturel. Les pulsions donc ; comme des entités, là, localisées, dans une topique métapsychologique un peu vague. Des pulsions substantialisées, des choses, dedans. Or, les pulsions, comme les affects, les émotions ne sont ni des états ni des choses, qu'on pourrait mesurer ou observer. Les pulsions et le reste sont la résultante d'un ensemble de données appartenant au vécu dans la relation avec les autres, avec l'autre. Sans autre, pas de pulsion, seulement de l'animalité !

La psychobiologie tente de convaincre que la source des conduites est naturelle, obéit à des règles de fonctionnement qui sont des structures mentales, matériellement présentes dans le cerveau ; qu'expliquer, c'est découvrir les structures biologiques, neurologiques ou génétiques. L'esprit est dans le sujet, il est substantialisé ; il existe dans la matière neuronale et attend scalpels ou caméras. Cette conception, que Pierre Legendre dirait « bouchère », invite au festin les neurobiologistes après que les psychologues ont vaguement suggéré par où commencer la découpe. On comprend alors les risques qu'encourt la psychologie : à substantialiser les sources des conduites, elle invite les biologistes à prendre sa propre place à table. Dès lors, tout ce qui nous mène aux psy, peut recevoir une thérapeutique qui se passe fort bien d'eux et touche directement au cœur du sujet, dans la viande ; des médicaments, des thérapies géniques, muettes, sans bain de mots, sans humanisation. S'ils se livrent, les médecins de l'âme ou de la psyché que sont les cliniciens devront renoncer inévitablement alors à exister ; mais, pire des désastres, ils livreront aussi l'humanité dans l'homme au silence des bouchers.

D'autres tiennent bon contre le déferlement de la vague naturalisante et partent d'un esprit impersonnel, général, fait de connaissances tacites et partagées par tous les membres d'une culture, consciemment ou non. Cet esprit-là préexiste à toute intelligence individuelle, il est présent dans le monde, dans les pratiques symboliques, les institutions, dans les œuvres humaines ; et dans la tête des « sujets » il n'y a que les conditions individuelles biologiques de la participation à ces pratiques et institutions. Là, pour comprendre la conduite, pour l'humaniser, il faut aller chercher ce qui la détermine hors du sujet, dans l'esprit collectif, dans la relation aux autres, à l'autre, dans ce qui est objectivement là dans le monde partagé. C'est la conception des phénoménologues comme Husserl ou Merleau-Ponty, pour qui l'esprit objectif est déjà présent partout quand un enfant vient dans un monde. « Un Esprit Objectif habite les vestiges et les paysages », comme l'écrivait Merleau-Ponty (1945, p. 400). Les petits d'hommes baignent dans des mots, dans des institutions, des rites, des gestes déposés là avant eux par des hommes, dans le passé, qui les modèlent pendant qu'ils grandissent. Toutes ces « significations désormais silencieuses » comme disait Foucault, sont lentement, inconsciemment surtout, incorporées par l'être humain. L'individu intègre dans son corps, donc dans ses conduites, ses comportements, son cerveau, ses pensées, tout ce que comporte l'esprit objectif. D'où ce que Bourdieu appelle la « complicité ontologique » entre les structures mentales individuelles et cet esprit. C'est probablement à cause de cette cohérence que les psychothérapies guérissent : le thérapeute trouve dans le monde commun les sources de son interprétation des souffrances vécues, les délivre au sujet qui y retrouve son propre monde et les rites qui entourent ces échanges jouent leur rôle : ils calment parce qu'ils humanisent. L'influence du thérapeute vient de l'antériorité de l'esprit objectif sur l'esprit subjectif : la vie en société repose sur des significations que les membres doivent reconnaître et partager, thérapeutes et malades inclus, des significations communes dont les institutions sont garantes et porteuses, des significations extérieures aux individus à l'origine et qui ont donc sur lui autorité et validité. Ces rites de soulagement de la souffrance à vivre, qui ne cesse pas, ne devraient pas être menacés de disparition. Et cependant… la menace est là, perceptible et diffuse. Ce qui menace cette psychologie des docteurs du malheur de vivre, d'aimer et de mourir, ce n'est donc pas le manque de malades : ce sont surtout les défaillances de leurs convictions. Tant que la psychanalyse freudienne, de loin ou non, inspirait leurs thérapies, aucune sirène naturaliste à queue courte ne les charmait ; mais le temps de la jeunesse freudienne a passé. D'une part, évidemment, les psy sont aujourd'hui confrontés, dehors, dans la rue, à des formes nouvelles d'appel à l'aide, à des souffrances étrangères aux livres qu'ils ont lus. Mais d'autre part ils hébergent dans leurs propres rangs des nouveaux venus : des rapides, des qui proposent des solutions en cinq séances, pas chères, on éradique sans bavardage le symptôme qui vous gène et on vous attend pour le prochain. C'est la solution que proposent les thérapies comportementales qui n'ont de thérapies que le nom, et de clinique que le pseudo. Finies les années à comprendre le sens d'une agoraphobie ou d'une conversion hystérique ; il suffit de quelques séances de remodelage du comportement, comme chez les rats, pour qu'on vous débarrasse de ce léger inconvénient. Et puis la menace médicale n'a jamais tant pesé, elle aussi : la clinique psychologique semble livrée à des réducteurs de têtes et de mots, qui proposent de remplacer les palabres par des molécules, muettes certes, mais qui éteignent dans l'excellence le psychisme. En première intention, comme ils disent, leur premier mouvement donc, devant la plainte d'un agoraphobique par exemple, c'est l'antidépresseur. Ça, ça calme. Ça ne guérit pas, ça ne fait pas de vous le plus excentrique de la *Gay Pride*, mais ça calme. Au moins pendant un temps, la plainte se tait. Pas besoin d'un psy alors qui viendrait peut-être dire aux médecins que la souffrance psychique n'est pas une chose, pas leur chose. La menace médicale n'a pas desserré son étreinte sur la psychologie clinique ni surtout sur nos souffrances intérieures.

Mais qu'est-ce donc qu'ils nous préparent ? Si la science de l'humain en vient à disparaître dans la Nature, n'y aura-t-il pas un coût humain à sa disparition ? Comment sauver la science de l'humain pour sauver l'humain dans l'homme ? Vers quoi se tourner pour renaître, se reprendre enfin, réassurer les fondements, l'humanité ? Retourner à l'origine de ce qui, à partir de l'animal, a déjà fait de nous de l'humain dans le passé ? Les fables naturalistes semblent bien, au contraire, nous avoir convaincus de notre irréductible animalité, parce qu'elles étaient biologiques et naturalisantes. Alors, se tourner vers les mythes, les mythes de fondation, les mythes de l'origine de l'humanité, ceux qui racontent « l'entrée dans l'humain » comme disait I. Meyerson en 1951, pour nous éclairer sur les moyens de ne pas en sortir, de l'humain ?

Prenons la *Théogonie* d'Hésiode ou les mythes africains ou ceux des chamanes de Sibérie, tous mythes paradisiaques qui racontent un temps d'avant la chute, d'avant la séparation du Ciel et de la Terre. Chez Hésiode, cette séparation, orchestrée par la Terre *Gaïa* lasse d'être perpétuellement couverte par *Ouranos*, est opérée par *Chronos* le temps en tranchant le sexe d'*Ouranos* et laisse libre un espace entre Ciel et Terre que les Dieux et plus tard les hommes vont pouvoir habiter. Chez les chamanes, avant un événement tragique qui a rendu les hommes mortels, le Ciel et la Terre étaient unis par l'arbre cosmique du centre du monde et l'homme et les animaux circulaient de la Terre au Ciel. Mais cet *in illo tempore* a pris fin. Le monde du bas s'est séparé de celui du haut et seul le chaman, par son vol magique, monte au Ciel, abolit l'espace. Les autres, les humains de base, restent dans l'espace laissé béant entre Ciel et Terre.

Tous ces mythes nous apprennent qu'être humain, c'est vivre dans cet écart entre la Terre, la nature, le matériel et le Ciel, le très-haut, le ciel inaccessible et puissant, le séparé, le symbolique. Après le temps paradisiaque d'unité du Ciel et de la Terre, après la séparation brutale, l'humanité a acquis sa condition ; finie la béatitude, finie la liberté, oubliée la langue adamique, celle des animaux ; désormais, sous la loi du temps et de l'histoire, les hommes sont condamnés à l'ici-bas et à la nostalgie, tous, condamnés à souffrir. Mais le Ciel pour autant n'a pas disparu. Entendons, condamnés à vivre désormais sur Terre, les hommes devront faire avec deux mondes, deux mondes séparés : l'un matériel, naturel si l'on veut et l'autre symbolique et transcendant ; avec, pendant des siècles sinon des millénaires, la conviction que le monde d'en haut, très haut, mène la danse d'en bas. Que l'invisible gouverne le visible, y envoie ses signes qu'il faut éperdument déchiffrer.

Dans chaque société humaine et singulièrement dans la société occidentale, une instance assure la séparation, elle assure que le sens n'est pas la chose ; que les hommes ne peuvent pas retrouver le temps paradisiaque du monde unique ; que les enfants, sous peine de sombrer dans la psychose, ne peuvent regagner ce dont les pères, les institutions doivent les séparer sans espoir : le ventre de *Gaïa*, la mère. Alors l'aspiration fusionnelle les tourmente, jour après jour, à leur insu souvent. La séparation que chaque homme supporte sa vie durant, c'est la chute et puis la perte, irrémédiable. Les anges doivent être déchus pour goûter le monde, ils doivent tomber littéralement sur Terre ; et c'est une joie, mais c'est une souffrance aussi.

Les mythes ont-ils pour autant déserté notre monde ? Aujourd'hui, nous ne manquons pas de vérité, ni de discours sempiternels pour l'énoncer. Une instance est convoquée par la République pour nous la dire : la Science majuscule. Nous croyons tous dur comme fer aux vérités qu'elle nous livre inlassablement, jour après jour. Nous croyons, non, nous savons, que nos rêves ne sont rien d'autre qu'un emballement anarchique de neurones gorgés toutes les quatre-vingt-dix minutes d'acétylcholine ; nous savons qu'un enfant qui doit changer son mode de raisonnement pour accomplir une tâche, ce n'est rien d'autre qu'un cerveau qui opère une inhibition par « une véritable "bascule cérébrale" de la partie postérieure [...] à la partie antérieure* ». La vérité nous inonde, de partout, nous plonge dans un bain aseptisé de transparence en montrant l'intérieur de nos têtes et de nos ventres. À trop dévoiler, à trop faire voir, le charme des rêves s'est dissout, l'imaginaire des

* O. Houdé, *op. cit.*, p. 315.

enfants s'est envolé avec l'oiseau-lyre de Prévert, et l'érotisme déserte lentement les lits.

Mais la science est un mythe particulier : alors que les autres nous contaient la séparation fondatrice et nous y condamnaient, la science a recollé le Ciel à la Terre. Comme disait Nietzsche, « elle a trouvé l'éponge pour effacer l'horizon », elle annule l'espace dans lequel nous vivions humains. Elle réduit notre psyché à un cortex, notre souffrance intérieure à un abus de neurotransmetteurs ; et en nous délivrant du mal, elle nous fait tomber le Ciel sur la tête.

Alors, de partout, la nouvelle circule et s'ébruite : nous sommes en train de sortir de l'humanité, nous allons vers la post-humanité. Et il faudrait sauver les sciences humaines. Saurions-nous, nos enfants sauraient-ils être des post-humains, des humains sans Ciel et symbolique en surplomb ? Sommes-nous même capables de penser ce que serait une post-humanité ? Faut-il espérer que cette naturalisation, ce dévoilement frénétique de nos mystères les plus doux va produire tant de souffrance psychique que l'humain résistera faute de pouvoir céder. En première ligne de cette agression contre le symbolique, nos enfants, la jeunesse ; c'est sur eux seulement qu'il nous faut compter, sur leurs difficultés à devenir lentement des humains, sur leurs perturbations psychiques.

RÉFÉRENCES

– FOUCAULT (M.), *Dits et écrits*, Paris, Gallimard, 1994.
– HOUDÉ (O.), « Le développement de l'intelligence chez l'enfant », *in Qu'est-ce que la vie ?*, Paris, Odile Jacob, 2000.
– MERLEAU-PONTY (M.), *Phénoménologie de la perception*, Paris, Gallimard, 1945.

Le raisonnement sociologique — la preuve et le contexte

par JEAN-CLAUDE PASSERON

La sociologie n'est pas ce que la plupart des sociologues en disent : ni lorsqu'ils la vantent orgueilleusement comme un savoir totalisant de la société, ni lorsque, adoptant une version « scientiste » des sciences de l'homme, ils la pressent de devenir enfin, à grand renfort de mathématiques ou de formalisation, une « science dure » comme d'autres ; ni, bien sûr, lorsqu'ils se résignent à la considérer comme une « science molle » qui les console de leur position subalterne par sa vocation humaniste.

La tâche théorique du sociologue n'est plus de se demander « qu'est-ce que le fait social ? » ou quelle est la « bonne méthode » ou quelle est la « bonne » théorie dans laquelle il lui faudrait s'installer pour faire une sociologie vraiment scientifique. Il lui incombe seulement de décrire la forme particulière d'argumentation scientifique que pratiquent en commun les sociologues, en oubliant un moment leurs conflits théoriques ou leurs polémiques. Demandons-nous donc : « Comment raisonnent les sociologues ? »

Décrire, c'est toujours décrire par différence, en recherchant les différences pertinentes par rapport à la question posée. L'histoire des sciences nous fait alors constater qu'il existe, dans d'autres sciences que la sociologie, des

Texte de la 93e conférence de l'Université de tous les savoirs donnée le 2 avril 2000.

propriétés de la preuve (universalité des assertions, nécessité de l'inférence dans une démonstration, réfutabilité *(falsifiability)* d'une proposition universelle dans une théorie empirique) ; mais aussi que ces propriétés logiques n'ont jamais pu être transposées telles quelles dans une science sociale. Décrire le raisonnement sociologique, c'est d'abord rechercher et analyser ce qui le distingue d'une démonstration mathématique ou de l'établissement d'une loi dans une science expérimentale. Cela ne conduit pas à conclure que les démarches du sociologue ne relèveraient que de l'approximation ou de la littérature, du reportage subjectif ou d'une libre interprétation des faits. C'est constater au contraire l'existence et la fécondité explicative d'un tiers-régime du raisonnement scientifique. Ce régime combine diverses méthodes d'administration de la preuve, autrement que ne le font la déduction logico-mathématique ou l'induction expérimentale. C'est un style de recherche qui présente comme les deux autres, ses limitations méthodologiques et théoriques, mais aussi ses intelligibilités propres dans l'interprétation scientifique du monde.

Un corpus d'argumentaires

À ces questions, il est une réponse simple pour un sociologue d'enquête : « enquêter » sur la manière dont raisonnent les sociologues, en comparant leurs raisonnements, et plus généralement ceux qui se pratiquent dans différentes sciences sociales. Je me suis donc attaché à constituer un *corpus* de raisonnements où j'ai fait entrer des textes d'historiens, d'anthropologues, de sociologues, etc. ; d'écoles ou d'époques aussi différentes que possible. J'ai voulu en somme décrire l'espace logique* du raisonnement sociologique. La description de la spécificité du raisonnement sociologique,

* Au sens où Wittgenstein explicitait dans le *Tractatus logico-philosophicus* « l'espace logique » des propositions d'une logique formelle appliquée à la description du monde.

qu'on peut tirer de ce *corpus*, repose alors, non sur une définition préalable de la connaissance scientifique ou de la forme théorique qu'elle devrait prendre dans les sciences historiques, mais sur la seule analyse empirique d'argumentaires scientifiques prélevés dans ces sciences. On aperçoit ainsi :

— Le rôle des schèmes de raisonnement dans l'administration de la preuve, par exemple le schème de l'adversation (certes..., mais), irréductibles aux opérations de la logique formelle.

— Le rôle des déictiques de la nomination dans l'argumentation des sciences historiques. Le nom propre, le semi-nom propre et le déictique sont toujours présents dans l'identification des singularités (individuelles ou collectives). Les concepts de la description historique sont construits par une méthode scientifique (la méthode comparative), mais ce sont des « semi-noms propres » ; l'indexation sur des séries de singularités est ici indissociable de l'acte de définition.

Dans une science historique des interactions sociales, l'intelligibilité de l'explication suppose l'interprétation des actes. Autrement dit, l'étalon de la scientificité y est double. L'unité conceptuelle propre à une démarche interprétative ne s'exprime ni ne s'épuise dans l'unification formalisée de ses principes : ce serait alors une « axiomatique ». Ni non plus dans l'encadrement de toutes les recherches par une théorie unique : ce serait alors un paradigme au sens de Kuhn. Toutes les « grandes » théories sociologiques ont couru après ce leurre.

Dans les sciences de l'observation contextualisée, l'intelligibilité de l'explication réside dans l'interdépendance entre deux caractéristiques de son langage de description du monde : d'une part la consistance sémantique de ses argumentaires et, d'autre part, la vulnérabilité empirique de ses assertions aux protocoles d'enquête que ces assertions appellent par leur libellé. La deuxième exigence distingue l'herméneutique sociologique de l'herméneutique philosophique fondée sur la *variation imaginaire* (au sens de Husserl). Lorsque le raisonnement de causalité fait ainsi intervenir des schèmes d'argumentation dont la force de preuve est liée à des protocoles d'interprétation, alors

— alors seulement, mais alors certainement — une telle forme d'inférence définit un registre spécifique de la preuve, autrement dit, un « style » du raisonnement scientifique*. Me référant aux six styles de la pensée scientifique *(styles of scientific thinking)* qu'avait distingués Alistair Crombie, je crois le style du raisonnement sociologique assez particulier pour le caractériser comme un septième style**. C'est un style de composition des preuves qui associe dans un argumentaire des méthodes d'inférence logiquement hétérogènes, inscrites dans des univers du discours non entièrement superposables, mais capables d'améliorer par cette association leurs forces probatoires.

L'univers de la preuve propre aux sciences historiques

Quatre caractéristiques me semblent pouvoir être répertoriées :

— La pluralité des théories découle du langage de description qui s'applique au monde historique. Quelles sont les quelques conséquences de cette cohabitation de théories concurrentes ? Quel sens y prend la vérité des assertions ? La « véridicité » du dire historique n'est pas la vérité d'une hypothèse falsifiable au sens poppérien. Le plus et le moins vrai que distingue une analyse sociologique n'est pas le tout ou rien de la falsification ou de la corroboration dans une science expérimentale.

— Le caractère « idéal-typique » des concepts et des assertions historiques était au centre de l'épistémologie de

* Au sens de A. C. Crombie qui a identifié et minutieusement décrit, sur l'histoire longue des sciences occidentales, six « styles de la pensée scientifique » : *Styles of Scientific Thinking in the European Tradition : The History of Argument and Explanation especially in the Mathematical and Biomedical Sciences and Arts*, 3 vol., London, Duckworth & Co, 1994.

** Passeron (J.-C.), « Logique et schématique dans l'argumentation des sciences sociales », *Revue européenne des sciences sociales*, Genève, Droz, n° 107, 1997, p. 176-178.

Max Weber qui a montré le rôle de la stylisation dans leur construction. J'ai essayé de préciser cette description faite au plus près de l'argumentation des sciences historiques en faisant voir le rôle des coordonnées spatio-temporelles dans le langage explicatif du sociologue, à partir d'une analyse des concepts descriptifs qu'il utilise dans ses argumentations comparatives : noms communs, noms propres, déictiques. En tous les mots qu'il emploie, le sociologue, comme l'historien ou l'ethnologue, parle par concepts idéal-typiques, c'est-à-dire par « semi-noms propres », par concepts non dissociables d'une série d'exemples.

— Le caractère contextuel des explications est constitutif des sciences historiques. Un contexte historique est toujours singulier et donc inépuisable à une « description définie » ; les propriétés pertinentes (pour la question posée) ne peuvent être épuisées par une liste finie de variables et de leurs valeurs : l'explication sociologique reste toujours ouverte à de nouvelles enquêtes, construites sur de nouvelles descriptions organisées par de nouveaux concepts. Il faut alors préciser ce qui distingue de l'analogie incontrôlée ou de la métaphore l'argumentation fondée sur la parenté des contextes dans le maniement de la méthode comparative.

— La démarche interprétative est indissociable de la démarche explicative dans les sciences de l'action et de l'interaction sociales. Rendre plausible dans leur contexte culturel une interprétation du sens des interactions constitue un renforcement de la probabilité causale établie par la statistique ou l'enquête.

Lorsque, dans une science sociale, nous « comprenons » un ensemble de faits ou de relations à travers le langage particulier de la théorie empirique qui les met en rapports de signification et de causalité, c'est toujours à travers un réseau sémantique de concepts issus de la comparaison historique, à ce titre jamais complètement dissociables de leurs contextes singuliers de description*.

* Passeron (J.-C.), *Le Raisonnement sociologique*, Paris, Nathan, 1991, p. 377-385.

Modèles purs et modèles à déictiques

Cette analyse conduit à distinguer* le statut épistémologique des *modèles universels* et celui des *modèles à déictiques*. Les premiers sont exempts de tous « noms propres » (de toute nomination de singularité). Dans les sciences empiriques capables d'expérimentation, celle-ci repose sur la possibilité de répéter des expériences menées « toutes choses égales par ailleurs ». On dispose lorsqu'on peut recourir à l'expérimentation au sens strict, d'une forme forte de la vulnérabilité empirique. Karl Popper en a construit le modèle logique comme réfutabilité : un seul énoncé existentiel singulier suffira toujours à réfuter une proposition logiquement universelle. En revanche, dans les modèles du second type, c'est une observation, toujours extensible à de nouveaux cas indissociables de leurs coordonnées spatio-temporelles, c'est-à-dire l'usage du raisonnement sociologique, qui garantit le fondement empirique de l'explication. On ne peut formuler de lois de l'histoire par induction.

Dans une science sociale, les modèles restent donc toujours, implicitement ou explicitement, des modèles à déictiques, c'est-à-dire des modèles exigeant, pour prendre un sens explicatif, que leur soient associées des descriptions faisant intervenir d'autres informations que celles qui sont simplifiées et sélectionnées pour les besoins de la modélisation. Qu'on invoque le principe de rationalité des actions en économie, ou les différents types idéaux d'une orientation de l'action construits par le sociologue sur la base d'une comparaison entre cultures, le sens d'un modèle des actions sociales implique toujours qu'on se prononce sur des motifs d'agir, qui ne peuvent eux-mêmes être inter-

* Passeron (J.-C.), « De la pluralité théorique en sociologie : théorie de la connaissance sociologique et théories sociologiques », *Revue européenne des sciences sociales*, Droz, Genève, n° 99, 1994, p. 100-108 ; ou « Homo sociologicus », *Le Débat*, n° 79, p. 119-131.

prétés que par la comparaison des contextes où ces motifs sont plus ou moins opérants.

Un modèle pur est un modèle universel : ses définitions de variables et ses règles de calcul ne peuvent contenir des déictiques. C'est un protocole de calcul qui permet de s'assurer, au prix de la délocalisation et de la détemporalisation des hypothèses, qu'on restera cohérent dans la manière dont on compose ou calcule leurs effets. Au contraire, dans une science sociale, où la référence aux objets ne peut être dissociée de leur singularité, tout commence quand on a fait tourner le modèle : l'enquête nomme ce retour à la réalité.

Autrement dit, dans un modèle, on ne fait jamais que transcrire la description hypothétique d'un processus sous une forme épurée qui permet de calculer des résultats ou, au moins, de déduire des propositions, sous toute garantie de cohérence formelle. Mais si les modèles contrôlent parfaitement l'exactitude de calculs complexes, que la langue naturelle ne pourrait mener sans risquer de s'y perdre, ceux-ci ne garantissent jamais que des moments du raisonnement sociologique, des conjonctions partielles d'assertions. Dans une science sociale, le modèle est un instrument d'analyse, non de synthèse ; sa confrontation à l'observation oblige le sociologue à continuer son raisonnement explicatif par d'autres voies d'enquête pour conceptualiser de nouvelles observations dont la signification contextualisée déborde de toutes parts le langage hypothético-déductif du modèle.

Les usages du « principe de rationalité » dans l'explication des stratégies

On ne peut facilement distinguer des modèles « purs » d'économistes (Hotelling) et des « modèles à déictiques » d'historiens (Hopkins).

Le rôle problématique du « principe de rationalité » dans l'explication des stratégies avait été exploré par Vilfredo Pareto, qui dans son *Traité de sociologie générale*, partait d'une distinction radicale entre les « actions logiques » et les « actions non logiques* » (Ire et IIe classes). Mais c'est dans les subdivisions de la deuxième classe d'actions que s'introduisait la sociologie, avec son interrogation sur les actions « pseudo-logiques » des acteurs sociaux qui trouvent toujours des raisons logiques à invoquer pour justifier leurs décisions : disons « ratiocination ». Pareto disait « vernis logique » pour caractériser l'argumentation des dérivations ; Freud disait « rationalisation » et Marx « idéologie ».

C'est dans la sociologie politique que l'on verrait le mieux l'ambiguïté des modèles de décision qui supposent que les actions peuvent toujours être expliquées comme des « stratégies ». L'exemple privilégié que donnait Pareto de l'action logico-expérimentale n'était pas celui des agents économiques, producteurs ou consommateurs, mais celui de l'ingénieur qui calcule le projet de construction d'un pont en fonction des connaissances qu'il possède sur la résistance des matériaux. « Les actions étudiées par l'économie politique » ne sont jamais citées chez lui qu'en second rang, parce que leur teneur en connaissances logico-expérimentales est déjà moindre. Comme le dit l'auteur, elles ne font qu'appartenir « en très grande partie à cette classe ». L'exemple que prend le plus souvent Pareto d'une action économique qui fonctionne pleinement comme une action logique est celui du spéculateur, non celui de l'agent économique tout-venant, producteur ou consommateur sur un marché. Le spéculateur, en effet, a toute la pureté d'un *cas d'école*. Il n'a qu'un seul but : gagner le plus possible d'argent. Il vise un but toujours commensurable en termes monétaires aux coûts et aux investissements mesurables qu'il consent ; il n'en change jamais dans ses enchaînements de décisions. Toute son activité de rassemblement d'informations est subordonnée à ce but unique.

Parmi les actions logiques, Pareto ne faisait intervenir qu'en troisième rang, c'est-à-dire à un titre encore moins pur

---

* Pareto (V.), *Traité de sociologie générale* (1re éd. italienne, en 2 volumes, 1916 ; 1re éd. française, revue par l'auteur, en 2 volumes, 1917-1919) ; 3e éd. française (G. Busino *ed.*), Genève, Droz, 1968.

que les décisions du spéculateur, « un certain nombre d'opérations militaires, politiques, juridiques* ». Les actions du chef de guerre calculant une manœuvre sur le champ de bataille ou celles de l'homme d'État appliquant les principes de la *Realpolitik* relèvent bien, selon Pareto, de la stratégie, c'est-à-dire du raisonnement logico-expérimental. Mais c'est seulement à deux conditions, fortement restrictives : premièrement que le calculateur soit un machiavélien accompli, indifférent à toute autre considération que celle de l'efficacité de ses décisions ; et deuxièmement, qu'une fois son objectif ou sa hiérarchie des objectifs fixée, il puisse sélectionner ses moyens d'action en rapportant leur efficacité à leur coût, ce qui suppose évidemment la possibilité de commensurer (ou au moins celle d'ordonner) les valeurs ainsi comparées. Ce que j'appelle « l'axiome de commensurabilité » des valeurs entrant dans un calcul est indissociable de la définition d'une action logique et, donc, de tout plan mettant en œuvre une stratégie.

L'impureté logique des actions de l'homme historique fait l'objet de la sociologie. Ce constat suffit à exclure du langage de l'explication sociologique l'automatisme verbal qui s'est répandu dans toutes les sciences sociales et qui consiste à baptiser et à traiter comme stratégie n'importe quelle action sociale.

Que n'a-t-on pas analysé comme stratégie ? Des bataillons de sociologues ont épluché jusqu'à la trame les biographies, d'hommes et femmes, illustres ou repêchés en archives, afin de reconstruire leurs péripéties et leurs rencontres en stratégies de la mobilité sociale, de la réussite intellectuelle ou littéraire, sans oublier les stratégies du poète maudit ou de l'écrivain raté. De même, avance-t-on beaucoup dans l'explication causale de l'usage que font les « assistés » des systèmes contemporains de protection sociale en l'interprétant comme un calcul d'utilité que feraient rationnellement les « exclus », qui se refuseraient à sortir d'un chômage indemnisé trop près des plus bas

* *Cf.* dans le *Traité* le tableau classificatoire de départ, p. 67.

salaires, parce qu'ils rapporteraient le gain marginal d'un vrai salaire au coût qu'ils devraient consentir en travaillant à plein temps plutôt que pas du tout ? Ou en interprétant comme une simple optimisation bien calculée l'enfermement des assistés dans une dépendance rationnellement choisie ? Que fait-on, dans cette explication causale, de la diminution de la valeur culturelle accordée au travail que l'enquête sociologique permet de voir se répandre et d'interpréter en fonction des nouvelles conditions de la socialisation (familiale et scolaire) des jeunes générations ?

Petite ou grande, une décision a toujours quelque chose du choix politique. Une décision est politique en ce qu'elle n'a pas, à la différence du Dieu de Leibniz, l'éternité devant elle pour répertorier et combiner. Elle n'a pas le temps de calculer et de pondérer ses coûts d'information afin d'optimaliser la désutilité qu'elle consent pour rechercher une information plus complète. Il en va de même pour les coûts de transaction, etc. Bref une décision politique doit tenir compte de données de l'environnement et d'états des interactions en cours, non énumérables dans une description exhaustive, et par là jamais susceptibles d'entrer dans une combinatoire stricte. La théorie pure d'un jeu peut, elle, immobiliser, au moins pendant le temps nécessaire au calcul, la mesure du rapport entre le gain et la perte, entre les enjeux et les coûts consentis.

Une véritable partie politique ou militaire et, plus généralement, une interaction sociale se jouent dans un espace de raisonnement où tous les éléments que la théorie des jeux a besoin d'immobiliser pour se formuler et se formaliser — règles, moyens et fins, coûts et enjeux, pertes et gains, ressources et solvabilité des joueurs, communication et dissimulation (par défausses, double langage, ruse), bruit et information — changent continûment de pertinence dans le déroulement de la partie comme dans la supputation et les anticipations des joueurs. Appliquée à toute interaction sociale, à tout rapport de force non strictement réglementé, la notion de jeu n'est qu'une métaphore sociologique.

En réalité, l'opacité de chacun à soi-même et de soi à autrui fonde une efficacité qu'on peut dire à la fois d'un degré inférieur et supérieur à l'efficacité coordonnant des anticipations bien informées. Un système formel ne peut pas plus introduire dans la définition d'une stratégie des degrés d'anticipation qui se renversent au gré de l'analyse qu'une hiérarchie des préférences qui se désordonnent dans le cours d'une transaction. La violence, la menace de violence, la dissuasion, sont d'autant plus efficaces que les actions qui y recourent sont plus équivoques ou instables, et donc moins accessibles à la formalisation.

Les retournements inattendus du psychisme calculateur, les oublis semi-contrôlés du *self-control*, les escalades ou les raccourcis intuitifs des degrés de l'anticipation, l'entêtement du *desperado*, les changements de règles du jeu en fonction du délai auquel un acteur envisage l'issue d'une interaction*, le désordonnement continuel des échelles de préférences au cours de la recherche d'un optimum, les renversements « du pour au contre » dont use l'habile pour donner raison au peuple contre la rationalité du demi habile (« avec une idée de derrière la tête » comme dit Pascal**) ont toujours hanté les raisonnements des stratèges. De fait, on rencontre là des effets qui peuvent aussi bien être déduits du principe d'une rationalité stratégique (inconsciente ou subtile) que décrits à partir du principe de l'efficacité historique des conduites non logiques.

Économie et sociologie

Pour les rapports entre calcul économique et analyse sociologique, tout commence là.

La théorie économique peut se contenter de constater, dans des transactions qu'elle observe, l'existence et la

---

* Les figures subtiles de ce calcul qui rompt l'unité de l'acteur individuel font quelques-uns des thèmes de Jon Elster, *Ulysse et les sirènes*, trad. fr., Paris, Minuit, 1982 et *Le laboureur et ses enfants : deux essais sur les limites de la rationalité*, trad. fr., Paris, Minuit, 1986.

** Pascal, *Pensées*, (1670), section V (édition Brunschvicg), Paris, 1976, p. 135-145.

hiérarchie des préférences individuelles comme des utilités constatées après coup dans les transactions observées ou supposées. À partir de là, elle a pu se construire en paradigme dans l'économie néoclassique. La sociologie doit, pour sa part, faire comprendre la signification culturelle du choix des fins ou valeurs collectives pour expliquer leur émergence ou leur dominance historiques : elle ne préjuge pas de la rationalité des diverses formes d'activité mentale qui les fondent.

Ce n'est pas dire que la méthodologie des sciences sociales puisse ou doive être étrangère aux méthodes des sciences expérimentales ou formelles. On y rencontre, assurément, des démarches hypothético-déductives (statistiques, mathématiques ou formalisées) qu'on peut même considérer comme des moments forts du travail argumentatif dans nos disciplines. Mais les raisonnements appuyés sur ces méthodes n'introduisent dans les sciences historiques que des preuves conditionnelles, partielles et momentanées. L'apport démonstratif qu'elles autorisent reste tributaire d'un raisonnement interprétatif d'ensemble. Au bout du compte, la preuve sociologique dépend d'une argumentation qui, n'est jamais formalisable dans toute sa portée et tous les détails de sa morphologie probatoire. Pour répondre à une question de causalité ou pour interpréter, il faut toujours restituer les résultats d'un calcul aux concepts d'une intelligibilité sociologique, c'est-à-dire à un contexte*. Et cela ne peut se faire qu'en employant les mots d'une langue naturelle, puisque celle-ci peut seule véhiculer le contenu sémantique des interprétations historiques.

Ce qui interdit à l'acteur social comme à la sociologie ou à toute science historique, la déduction ou l'expérimentation, la prévision ou le chiffrage de sa probabilité, ce n'est pas seulement que les probabilités ou les pondérations qu'elle est condamnée à introduire dans le raisonnement

* Pour une analyse exemplifiée du sens formel et du sens historique des énoncés de la langue statistique dans un raisonnement sociologique, cf. J.-C. Passeron « Ce que dit un tableau et ce qu'on en dit », *in Le Raisonnement sociologique, op. cit.*, p. 111-136.

portant sur des faits singuliers datés et localisés soient approximatives — car il vaut toujours mieux calculer avec des valeurs approchées que sans ordres de grandeur. C'est d'abord que le sociologue ne dispose jamais, même quand il recourt aux méthodes quantitatives, des unités de mesure et des règles de combinaison permettant de pondérer entre elles des données conceptualisées ou mesurées dans des systèmes de relations différemment construits. D'une aire culturelle ou d'une période de l'observation à une autre, les mesures ne sont ni substituables ni comparables sur la base d'une liste finie de traits désignés comme pertinents par une théorie qui encadrerait sans solution de continuité toutes les analyses.

Mais est-ce une infirmité méthodologique ou s'agit-il d'une autre méthode ? Les sciences historiques contrebalancent l'impureté logique de leurs preuves en multipliant les attendus comparatifs qui enrichissent la portée empirique de leur argumentation explicative.

La valeur rationnelle des assertions d'une enquête sera d'autant meilleure qu'elle aura réussi à formuler plus d'informations exactes dans un langage théorique mieux unifié par l'interprétation des actes : c'est la seule définition possible de l'argumentation scientifique dans une science de l'homme qui vise à la synthèse d'explications de formes logiques différentes. Ce ne sont pas les méthodes qui diffèrent entre des sciences sociales spécialisées comme l'économie, la démographie ou la linguistique, et des sciences sociales à visée synthétique comme l'histoire, l'anthropologie ou la sociologie : c'est leur argumentation d'ensemble qui articule différemment les méthodes rationnelles de description et d'explication. D'où la place différente de la théorie pure, de la formalisation, du calcul de la modélisation et de l'enquête dans leurs explications. La discontinuité entre les assertions est le prix des savoirs de la complexité. L'appauvrissement des assertions historiques, le prix des savoirs formalisés.

La grenouille et le scorpion : fable épistémologique

Un scorpion demande à une grenouille de le transporter sur son dos d'un bord à l'autre d'une rivière. La grenouille refuse au motif qu'elle risquerait d'être piquée à mort pendant la traversée. Argumentant et anticipant les effets avec l'habileté d'un philosophe utilitariste pour atteindre son but, le scorpion lui répond qu'il n'y trouverait pour son compte aucun intérêt puisqu'il serait aussitôt noyé. Mais lorsque, au milieu de la rivière, la grenouille qui s'est laissée persuader par cette plaidoirie rationnelle s'étonne en mourant de la piqûre irrationnelle du scorpion, celui-ci peut répondre en soupirant, mais toujours aussi rationnellement par rapport à sa vérité vécue du moment : « Je n'y peux rien, c'est dans ma nature... »

Le scorpion suicidaire est le prototype du politique trompeur qui est trompé par sa propre habileté à improviser une plaidoirie à la fois logique et efficace. Il a réussi à persuader la grenouille ; mais il n'a évidemment pas eu une stratégie délibérée de mensonge, puisque le mensonge lui a été mortel. Dans l'histoire il fait figure de virtuose du calcul utilitariste floué par son propre raisonnement, et il est tout aussi le dindon de cette farce logique que la grenouille, victime, elle, de sa croyance naïve en une rationalité trompeuse. La rationalité de l'anticipation utilitaire et le déterminisme biologique de l'instinct coexistent dans la fable, sans que le refus de la contradiction logique ait pu, à un moment ou à l'autre de l'histoire, donner raison à l'un ou l'autre des deux acteurs. Tous deux ont fait assaut d'anticipation rationnelle comme disent les économistes, qui basent sur ce concept l'explication des décisions que des firmes prennent sur un marché en anticipant la stratégie prêtée à l'adversaire. Mais l'explication scientifique des actes du scorpion et de la grenouille doit changer à mesure que les causes de l'action changent en se succédant dans le temps.

Le scorpion fait ici figure d'anti-Ulysse — si l'on pense à l'Ulysse d'*Ulysse et les Sirènes*, capable d'anticiper, en son calcul rationnel, les faiblesses à venir d'un autre Ulysse, celui qui devra être lié au mât du navire et avoir les oreilles bouchées de cire pour ne pas entendre le chant des Sirènes et ne pas succomber à ses propres pulsions. À la différence de l'*homo œconomicus*, l'*homo sociologicus* fait un usage de la rationalité presque toujours plus proche de celui du scorpion que de celui d'Ulysse. Là commence le partage méthodologique entre deux orientations des sciences sociales : celle du modèle et celles de l'enquête. On peut en effet interpréter de toutes sortes de manières la séquence d'interactions de l'historiette : on construit alors autant de théories explicatives de la catastrophe rationnelle survenue dans une interaction qui échappe à des acteurs aspirant conjointement à un arbitrage rationnel de leurs décisions.

Demandons à la théorie d'un sociologue quel diable d'animal est ce scorpion. Dans sa typologie, Max Weber distinguait quatre « types purs de l'action sociale » :

— « L'action rationnelle par rapport à des fins » qui en calcule les moyens en les rapportant à leur coût prévisible.

— « L'action rationnelle par rapport à des valeurs » où le calcul se trouve limité par un « commandement » inconditionnel.

— « L'action traditionnelle » commandée hors de tout calcul par l'autorité de ce qui s'est toujours fait ainsi.

— « L'action affective » qui incline à l'obéissance par l'influence qu'exerce sur ceux qui la reconnaissent la légitimité d'un « charisme » (chef, prophète, institution ou Livre).

Le scorpion de la fable est *wertrational* (deuxième type). C'est un calculateur rationnel, mais aveugle au coût, pourtant rationnellement prévisible, dans le cours d'une psychanalyse, que lui fera consentir son désir de piquer un vivant trop proche, lorsque la pulsion instinctive interviendra en dépit de tout calcul comme une irrésistible obligation interne. À la différence d'Ulysse il n'a pas su anticiper sa pulsion. L'inconditionnalité absolue des commandements instinctifs de l'espèce borne ici le calcul rationnel des moyens et des fins en empêchant toute supputation de leur valeur en fonction de leur coût. Consultons maintenant un autre sociologue, Pareto par exemple : le scorpion se laisse alors comprendre comme un politique machiavélien : il est prêt à utiliser n'importe quel argument pour atteindre son objectif (persuader la grenouille de répondre à sa demande) ; mais c'est un machiavélien imparfait, puisqu'il est incapable d'anticiper et de contrôler ses propres réactions non logiques comme il sait le faire pour manipuler les décisions d'une crédule grenouille. Reste un doute dans cette casuistique de la rationalité : dans les classifications sociologiques de Pareto aussi précises que celles d'un entomologiste, le scorpion doit-il figurer dans la première ou la deuxième espèce du « quatrième genre de la deuxième classe » des actions sociales ? Selon le critère parétien qui divise en deux le quatrième genre des actions non logiques, qui conduit à l'échec par erreur de calcul ou absence d'information, il faut trouver des indices pour trancher « s'il aurait accepté, ou non, le résultat objectif de sa stratégie au cas où il l'aurait connu ».

En consultant sa bibliothèque des grandes œuvres théoriques, le lecteur imaginera sans peine d'autres lectures que wébériennes ou parétiennes de la stratégie du scorpion. Un scorpion pascalien, marxien, durkheimien, mertonien, darwinien, schumpétérien, statisticien, économètre, théoricien des jeux, bourdieusien, elstérien, freudien, lacanien, herméneute, foucaldien, interactionniste ou ethnométhodologue laisserait tout aussi facilement interpréter sa rationalité catastrophique dans le cadre d'une théorie scientifique des actions ou interactions sociales. Il suffit, à chaque fois, de faire intervenir dans l'interprétation des actes successifs du scorpion les concepts théoriques qui redéfinissent, dès que le rationalisme utilitariste est à court de raisons, la place et la forme du principe de rationalité dans l'explication de ses actes. On n'a que l'embarras du choix entre les explications : chaînes d'imagination aussi contraignantes que les chaînes de nécessité (chez Pascal) — intérêt objectif de classe (chez Marx) — contrainte sociale, normativité (chez Durkheim ou Merton)

— sélection naturelle (chez Darwin) — cycles (chez Schumpeter) — degrés de signification statistique mesurés par la distance entre fréquence théorique et fréquence observée (dans le calcul des probabilités) — maximum, optimum, fonction ou équation mathématique (chez les économètres) — équilibre de Nash, information incomplète, rationalité sous contraintes (chez les théoriciens des jeux) — symbolisme de la distinction, système de domination, intériorisation de la nécessité (chez Bourdieu) — modelage du calcul par normes (chez Elster) — ambivalence des sentiments (chez Freud) — leurre du désir (chez Lacan) — intrigue (chez Veyne ou Ricœur) — nappe discursive (chez Foucault) — diversité des scènes sociales (chez Goffman) ou *accountability* des comportements (chez Garfinkel). Il y a toujours mille bonnes raisons compréhensibles de n'être pas rationnel, au sens de la définition de la rationalité qui peut entrer dans un modèle de calcul. Il est clair, en tout cas, qu'un modèle formel ne fournit aucun moyen d'entrer dans les raisons des acteurs : il a fallu aux économistes — toute syntaxe exigeant une sémantique — doter leurs calculateurs fantômes d'une psychologie de convention. Dans les modèles de décision rationnelle, tout décideur (individu ou firme) est un scorpion divin : il cherche toujours à maximiser son intérêt ; il recherche toujours le maximum d'informations, il calcule au plus juste ce que coûte un moyen par rapport à un autre.

Mais attention ! La pluralité de leurs théories ne condamne pas au scepticisme ; pas davantage à renoncer à la démarche scientifique. Si l'interprétation de l'historiette se prête indifféremment à toutes sortes d'herméneutiques, c'est précisément que l'interprète de l'action du scorpion ne dispose d'aucune autre donnée sur le contexte du cas que le récit d'une aventure unique. Pas de *corpus* d'indices ou de vestiges, pas de récits ou de relevés de fréquence des rencontres entre scorpions et grenouilles : donc pas de possibilité de comparaison historique ; pas de *corpus* : donc pas de recours possible aux méthodes statistiques, pas d'ethnographie ou d'écologie sur les fossés où cohabitent grenouilles et scorpions ; pas d'archéologie des scorpions fossiles dans les cours d'eau où vivent des grenouilles ; encore moins, de protocoles d'observations ou de tests expérimentaux conduits sur des échantillons raisonnés ou représentatifs de scorpions et de grenouilles. Il se trouve placé devant une histoire sans passé ni concomitants.

Dans une tâche analogue — tenir et améliorer des raisonnements explicatifs — les sciences historiques ne sont pas aussi démunies. Elles disposent d'une panoplie de méthodes pour traiter leurs corpus et les faire parler : variations concomitantes, simulation des effets dans un modèle, tests de signification, moyens de calcul fournis par les statistiques descriptives et analytiques, échantillonnage, mais aussi comparaison historique de faits analogues prélevés dans des contextes parents, critique interne et externe de documents écrits ou oraux, des témoignages, etc. Toutes ces méthodes organisent des styles fort différents d'argumentation ; et c'est par ces différences entre styles d'interprétation, jamais complètement traduisibles l'un dans l'autre, que des théories différentes construisent différemment leurs faits. Une explication économique ne réfute pas une explication sociologique, ou vice versa. Ce qui caractérise le statut épistémologique des sciences historiques c'est que leurs méthodes ne peuvent transmettre la vérité d'une proposition à la suivante comme dans une chaîne déductive. Mais ces sciences ont en commun une autre manière de prouver : faire converger des preuves de forme logique différente dans un argumentaire d'ensemble, leurs arguments dans un langage de l'interprétation, leurs interprétations dans une théorie plausible.

On est dans des sciences où la preuve est une question de plus ou moins, non de tout ou rien. Dans le langage épistémologique qu'employait Max Weber, leur adéquation causale n'est pas séparable de leur adéquation quant au sens : cette caractéristique, valable dans toutes les sciences historiques, qui sont à la fois des sciences de l'enquête et des sciences de l'interprétation explique le renouvellement indéfini de la recherche historique. Que l'analyse historique soit « interminable » ne prouve rien contre sa scientificité :

« Il y a des sciences auxquelles il a été donné de rester éternellement jeunes. C'est le cas de toutes les disciplines historiques, de toutes celles que le flux éternellement mouvant de la culture alimente sans cesse en nouvelles problématiques. Au cœur de leur tâche sont inscrits en même temps le caractère provisoire de toutes les constructions idéal-typiques et la nécessité inéluctable d'en construire de toujours nouvelles*. »

Fort heureusement pour l'intérêt des recherches menées dans les sciences sociales, l'histoire des sociétés humaines n'offre pas aux chercheurs des données aussi raréfiées que dans l'historiette romanesque du scorpion, diplômé en économie à Princeton, brillant avocat de l'anticipation rationnelle, mais incapable de l'intuition extralogique — ou d'un rien de psychanalyse — qui lui aurait permis de suspecter la duplicité de ses règles de décision pour anticiper un peu plus logiquement les risques de son talent de calculateur.

* Weber (M.), *Gesammelte Aufsätze zur Wissenschaftslehre*, Tübingen, J.C.B. Mohr, 1922 ; trad. fr. par. J. Freund, Paris, Plon, 1965, p. 202.

L'économie comme science et comme politique

par SERGE-CHRISTOPHE KOLM

L'économique : science, morale et politique

L'« économie », en français, désigne à la fois un objet et son étude scientifique. L'économie, en tant qu'objet, ne nous lâche guère : quand nous n'y peinons pas comme travailleur, nous en jouissons en tant que consommateurs. En fait, presque tout est à la fois économique et autre chose. C'est dire que l'objet « économie » n'est pas vraiment un objet mais un aspect des choses, une façon de voir le monde, une optique ou un point de vue. C'est le monde perçu et mû par notre désir et notre besoin en général. Ce n'est pas l'aspect le plus beau et le plus intéressant du monde. Les choses les plus importantes n'ont pas de prix. L'amour, la dignité, la générosité et l'honneur cessent d'exister s'ils sont achetés et vendus. L'économiste connaît le prix de chaque chose et la valeur d'aucune. Mais on ne peut guère se passer de l'économie : il faut bien manger quelque chose et s'asseoir quelque part.

En tant que connaissance scientifique, l'économie s'appelle aussi « science économique », parfois « économique », et autrefois « économie politique ». Cette discipline est elle-même, dans la vie économique, un secteur contra-

Texte de la 94e conférence de l'Université de tous les savoirs donnée le 3 avril 2000.

cyclique : la science économique se porte bien quand l'économie va mal (on a alors besoin d'elle). Mais elle n'a généralement pas bonne presse. C'est un domaine très décrié, dénoncé par les « anti-économistes » ; souvent complice de l'« horreur économique » (Rimbaud) ; singeant la physique sans vraiment faire d'expérience ; où n'importe quelle explication ne peut jamais être prouvée fausse et peut toujours être justifiée *a posteriori* avec l'habileté nécessaire ; où, donc, les théories sont bien souvent les oripeaux des idéologies et les feuilles de vigne des intérêts, ou bien, au mieux, de l'art pour l'art ciselé dans des tours d'ivoire où l'on met en équation toute la misère du monde. Et ces remarques ne sont pas seulement les critiques des ignorants. C'est aussi ce que les économistes disent les uns des autres. D'autres, il est vrai, voient aussi l'économie comme la reine des sciences sociales et la plus scientifique des connaissances élaborées de la société. Et peut-être tout cela est-il vrai à la fois. En tout cas, si l'on cherche de l'information et de la réflexion sur la vie économique, c'est quand même dans ce magasin qu'on la trouve, passées les théories douteuses, boiteuses, creuses, purement esthétiques, poétiques ou mathématiques, stériles ou hypocrites. Et la quantité d'informations sur les faits et mécanismes est assez grandiose, et elle croît sans cesse et vite.

Motivée par la satisfaction de nos désirs et besoins, comme ceux de consommation, de revenu, d'emploi — ou aussi d'activité, d'intégration, de relation, de statut ou de puissance —, l'étude de la vie économique est une science de l'action, une « praxéologie ». Les succès économiques, d'autre part, tiennent à la division du travail coordonnée par les échanges des marchés. Mais l'un des acteurs de la société est particulier par sa taille, son rôle et ses moyens : c'est l'État, détenteur du pouvoir de coercition normalement dominant et, en démocratie, représentant l'ensemble de la société. Les États se sont toujours occupés de l'économie qui les nourrit et qu'ils protègent. Mais les plaintes sempiternelles contre l'État prédateur — trop d'impôt — explosèrent en une idée-force de première importance à l'aube de l'ère industrielle. Les marchés marcheraient au mieux laissés à eux-mêmes, ils satisferaient au mieux nos besoins « comme par une main invisible » (Adam Smith), et la main trop visible de l'État ne peut mieux faire que de n'y pas toucher. C'est le « libéralisme économique », « laissez faire, laissez passer ».

Les marchés, en effet, produisent des miracles économiques en cascade. Ils créent le monde moderne. Les revenus nationaux de nos pays ont été multipliés par 10 en un siècle, par 100 en deux siècles. À la fin du XIXe siècle, l'État, en Europe, se contente d'assurer la police, l'armée, la diplomatie, et un minimum d'assistance que les églises oublient, avec quelques 6 % du revenu national en Angleterre, et le double en France.

Maintenant l'État mange plus de la moitié du revenu national en France, et l'ordre de grandeur est comparable ailleurs. Au cours du XXe siècle, le poids relatif de l'État dans l'économie a été multiplié par presque 5, et le volume de l'État français par 45. Que s'est-il passé ?

La première évidence est que l'admirable système des marchés laisse parfois pour compte ou écrase des pans entiers des besoins, de la population, et de l'être humain. Le miracle marchand et industriel traîne aussi la misère, le chômage, l'injustice, la pollution, la laideur environnementale, l'égoïsme, l'aliénation, l'hostilité, l'effacement de cultures et de civilisations. Cela fournit autant de candidats à d'autres manières de faire, à la pertinence d'autres morales, et, *a priori*, à la politique économique publique. Ces « échecs des marchés » se classent en quelques catégories que l'on peut regarder d'un peu plus près.

Les « échecs du marché » et la théorie des trois fonctions de l'économie publique

— Le marché ne peut pas bien produire certains biens. Par exemple, on ne peut pas mettre de barrière de péage à toutes les rues d'une ville. De même, on est en train d'introduire un marché des droits à polluer, mais ce n'est qu'un semi-marché : l'État est le vendeur. Un marché complet demanderait qu'une entreprise m'achète directement le droit à obscurcir le ciel bleu. Mais il faudrait qu'elle l'achète en même temps à vous tous qui profitez du même ciel...

— Le marché peut avoir des maladies globales, celles qui provoquent le chômage important et généralisé, et l'inflation. Comme disait l'économiste Joan Robinson « la main invisible peut agir par strangulation ».

— Le marché peut parfaitement fonctionner avec certaines personnes mourant de faim : celles dont les capacités ne trouvent pas preneur sur le marché. Plus généralement, le marché, considéré en lui-même, ne résout pas le problème de la justice distributive, c'est-à-dire de la distribution des ressources du monde entre les personnes.

Ces trois problèmes du marché justifient « les trois fonctions économiques de l'État et de sa politique économique » : l'« allocation » pour les défauts de détail, la « stabilisation » pour les déséquilibres globaux (chômage profond et inflation), et la « distribution » pour la justice distributive.

Le système des marchés suscite aussi d'autres problèmes, dont le remède relève plutôt de la morale et de la vue du monde de la société en général que du rôle coercitif de l'État. Ce sont les suivants :

— Le système des marchés est fondé sur des comportements égoïstes. Adam Smith insistait sur le fait que la force du marché est de s'appuyer sur cette attitude si répandue : si vous voulez obtenir du pain de votre boulanger, disait-il, comptez sur son intérêt égoïste dans l'échange plutôt que sur sa générosité. Cette « vertu publique des vices privés », comme avait dit Mandeville dans sa *Fable des abeilles*, avait été remarquée depuis longtemps. Les pères de l'Église, au IVe siècle, avaient débattu de savoir s'il fallait excommunier les entrepreneurs et les marchands dont le comportement était si opposé à la charité chrétienne, et ils avaient conclu par la négative parce que ces égoïstes rendaient en fin de compte service aux autres (les intentions seraient jugées plus tard et par plus compétent). Toutefois, le marché récompense le comportement égoïste et donc renforce le sentiment égoïste. Certes, il est théoriquement possible d'être égoïste dans son métier et de donner ses bénéfices aux pauvres (ce que l'économiste et clergyman anglais Wicksteed appelle le « non-tuisme »), mais c'est au risque de tomber dans la schizophrénie.

— Le gouvernement français a récemment trouvé la belle formule disant qu'il veut « une économie de marché mais non une société de marché ». En effet, le système marchand, s'il prend trop de place, suscite une série de problèmes. L'égoïsme déjà noté, dans le système de concurrence qui est une condition de l'efficacité des marchés, tend à susciter des relations sociales hostiles et agressives, la dissimulation, ou l'hypocrisie. La forte spécialisation et la division du travail, permises par les échanges et clefs de la productivité sociale (encore de l'Adam Smith), font que l'on ne voit pas directement à quoi sert son travail — c'est un aspect de ce que Marx appelle l'« aliénation » —, et conduit souvent à des tâches répétitives et abrutissantes. La réussite dans un cadre concurrentiel demande souvent de l'obsession détournant d'activités sociales ou culturelles plus riches et plus humaines. Hâtons-nous d'ajouter que l'organisation administrative bureaucratique hiérarchique peut n'être pas meilleure, et même être pire, sur le plan des relations sociales, de l'égoïsme, de l'aliénation, de l'abrutissement et de l'étroitesse d'esprit. La voie, là, consiste à trouver la bonne organisation, associant réciprocité et efficacité, individualisme et communauté, expertise et plénitude.

La connaissance économique, donc, doit non seulement comprendre le fonctionnement des marchés et le juste rôle de l'État, mais aussi s'occuper de la morale de la distribution et de celle des relations sociales et de l'activité humaine. L'économie, selon les termes institutionnalisés, ne peut qu'être une « science morale et politique », une science sociale, et une science humaine.

Connaissance, politique et performance économiques

L'économie, avons-nous vu, ne nous lâche pas d'un cheveu. C'est plus un aspect de la vie qu'un fait à part. Or tout être humain plongé dans un environnement cherche à le comprendre pour y agir au mieux. L'économie ne fait pas exception. Mais il est assez stupéfiant de voir à quel point les concepts nécessaires sont arrivés tardivement. À y regarder de plus près, cependant, on voit que cette conceptualisation a suivi le cours général de l'histoire des sciences, avec un retard dû au fait qu'il s'agit d'une activité humaine et sociale sur laquelle on fait de nombreuses observations mais pas d'expérience.

Pendant longtemps, économie a signifié gestion domestique, comme le nom l'indique. Les physiocrates du XVIIIe siècle ont cependant eu une notion claire des interdépendances entre secteurs et des flux correspondants. Mais le fait révélateur est la question cruciale de l'explication des prix et des quantités échangées sur les marchés. Le prix d'un bien était « expliqué » par le rapport entre une quantité « offerte » et la somme d'argent qui la « demande », ce qui est une tautologie et non une explication (sauf au niveau global, pour expliquer le niveau général des prix par la « théorie quantitative de la monnaie », qui était ainsi en place dès le XVIe siècle). Bien que tout vendeur ait su qu'il avait en général plus de clients quand il baissait ses prix, il a fallu attendre 1838 pour que soit précisément décrite une courbe de demandc montrant la quantité demandée en fonction du prix — par Augustin Cournot en construisant la théorie du monopole pour déterminer le prix de vente de l'eau de la source Perrier. La théorie de l'offre et de la demande, de la concurrence et de l'interdépendance des marchés a dû attendre une génération de plus, avec Léon Walras (dont le père avait été condisciple de Cournot) dans les années 1870.

L'un des acteurs intéressés par l'économie était le pouvoir politique — le produit des impôts en dépendait. Cependant, avec la révolution industrielle, à partir de la fin du XVIIIe siècle en Angleterre, au cours du XIXe dans le reste de l'Europe, les conseils des économistes tendaient plutôt à diminuer les recettes des États, en prônant la suppression des droits de douane et octrois dans le « laissez faire, laissez passer ». Au tournant des XIXe et XXe siècles, avons-nous noté, la part des recettes et dépenses de l'État dans le revenu national tournait autour de 10 % dans les pays européens, bien moins en excluant les armées et en Angleterre. Elle dépasse la moitié en France un siècle plus tard, sécurité sociale incluse. Pourquoi ce bond ?

Les trois fonctions économiques de l'État ont contribué à cette explosion. Il s'y ajoute, cependant, une loi sociologico-politique : si les dépenses et donc les recettes publiques augmentent pour une certaine raison, lorsque cette raison est passée les fonds économisés tendent plus à être utilisés à autre chose qu'à se traduire par des baisses d'impôt. C'est l'effet cliquet. Il s'explique par le fait que la concurrence politique étant une concurrence pour avoir le pouvoir de gérer les dépenses publiques, aucun des candidats n'est tenté de baisser sérieusement celles-ci. Les plus grosses sources d'effets cliquet ont été les guerres, notamment les deux guerres mondiales. Les dépenses militaires font partie de la fonction d'allocation de l'État. Mais, après les guerres et les reconstructions, les nouvelles recettes ont été transférées à autre chose plutôt que supprimées et c'est la redistribution qui en a le plus bénéficié. En ce sens, une certaine justice distributive est sortie des guerres qui ont ainsi fait réaliser une fraction de révolution.

L'ère de Keynes, pour le meilleur ou pour le pire

Cependant, sur le plan des relations entre la connaissance, la politique et la performance économique, la novation est venue de la troisième fonction, celle de stabilisation, et de l'autre événement majeur de la première moitié du XXe siècle, la crise de 1929. Celle-ci a en effet suscité la recherche de Keynes, dont la *Théorie générale de l'emploi, de l'intérêt et de la monnaie*, parue en 1936, allait lancer l'usage systématique de la politique macroéconomique de stabilisation. Cet usage ne s'est cependant établi que bien plus tard. La préparation de la Seconde Guerre mondiale mit en effet fin à la crise en pratiquant de fait, mais pour une autre raison, une politique de relance keynésienne par la demande publique. Par ailleurs, une loi empirique dit qu'il faut une génération, de 25 à 30 ans, pour qu'une proposition importante de politique économique commence à être mise en application.

Après la Seconde Guerre mondiale, les économies européennes, tirées par la reconstruction, fonctionnent en « suremploi » en ce sens que non seulement elles n'ont pas de chômage notable mais elles importent même de la main-d'œuvre de leurs campagnes et de régions plus pauvres. Elles pratiquent d'ailleurs, en cas de besoin, quelque relance sans théorie élaborée. Les États-Unis, par contre, qui n'ont que quelques retards d'entretien quand arrive la démobilisation, se traînent en sous-emploi important, avec des idéologies républicaines qui auraient répugné à une relance par le déficit public. Les professeurs d'économie, eux, ont mis dix à vingt ans à comprendre Keynes. L'un de ceux-ci, Paul Samuelson du MIT, se trouve en 1961 à bord du yacht des Kennedy, au large de Hyannis Port, et il y explique le keynésianisme élémentaire au candidat à la Maison-Blanche — très réticent parce que, les démocrates étant couramment accusés de laxisme fiscal, il tient d'autant plus à la « rigueur » budgétaire classique. Le résultat est cependant la baisse d'impôt Kennedy-Johnson de 1962-1963. L'économie américaine fait un bond en avant, le chômage diminue nettement. Pour les économistes, c'est une expérience cruciale : Keynes marche. Ce qu'ils enseignaient à leurs étudiants était donc vrai, heureuse surprise. Mais cette relance se télescope avec la demande pour la guerre au Viêt-nam et dépasse la marque. Et l'inflation, très faible aux États-Unis depuis la fin de la guerre de Corée, emboîte vite le pas.

Jusque-là, l'inflation européenne avait été compensée par la stabilité des prix américains, dans le cadre du système de taux de change fixes de Bretton Woods établi après la Seconde Guerre mondiale à l'instigation de Keynes. Mais vers le milieu des années 1960, l'ensemble du monde Nord Atlantique entre en presque plein emploi et en inflation. S'y ouvre alors une décennie d'une étrange dynamique entraînée par ce qu'on appelle le « cycle politique ».

Celui-ci, aussi appelé *stop and go*, est bien connu. Puisque Keynes marche, les gouvernements sont fortement tentés d'utiliser sa politique à fins électorales. Les électeurs n'aiment pas le chômage, la stagnation, l'inflation (dans l'ensemble) et les impôts, et ils aiment l'emploi, la croissance, et les dépenses publiques. D'autre part, la hausse des prix est poussée par le presque plein emploi puisque l'on surenchérit pour acheter les biens et services rares, et elle est freinée par la faible demande, avec un délai : dans cette optique, un chômeur est quelqu'un qui travaille à tirer le taux d'inflation vers le bas. On fait donc une stabilisation (faible dépense publique et hausses d'impôts) après les élections, cela freine l'économie et accroît le chômage, puis freine l'inflation, et on fait alors une « relance » (le contraire) de façon à ce que, au moment des élections, le chômage ait diminué alors que l'inflation n'a pas encore repris. Les électeurs, particulièrement sensibles à la direction en baisse du chômage, venant de bénéficier de cadeaux fiscaux et budgétaires, et à la mémoire politique limitée à six mois, sont tentés de « bien » voter, et l'on recommence.

Un problème, cependant, est qu'à chaque fois il reste un peu plus d'inflation, et que le cycle se répète à des niveaux de hausse de prix plus élevés. À un moment, cependant, l'inflation devient insupportable et on doit faire une grosse stabilisation entraînant chômage et stagnation importants. Cette fin vient en 1974.

Ce phénomène est accentué par les effets internationaux. Après la Seconde Guerre mondiale, les cycles économiques en Europe et aux États-Unis sont en opposition. À partir du milieu des années 1960, ils se mettent de plus en plus en phase, jusqu'à créer un phénomène de résonance accentuant de 30 % les pointes et les creux. Les stabilisations nationales initiant la crise de 1974 sont presque simultanées. Cette évolution résulte de ce que l'économie européenne est poussée par les exportations de capitaux américains qu'elle reçoit. Or ces exportations sont à l'opposé du cycle américain quand les États-Unis sont en basse conjoncture et varient avec ce cycle en haute conjoncture générale, donc après 1965.

Cette dynamique est liée à l'évolution du système monétaire international, comme cause et comme effet. Entre les deux rives de l'Atlantique, les principaux effets sont ceux des flux financiers. De même que le principal problème d'une inflation nationale est que les prix croissent à des rythmes différents, une inflation mondiale accroît les différences d'inflation entre les pays. Le système de taux de change fixes de Bretton Woods ne peut alors plus tenir. Mais s'il ne tient plus, il ne force plus les pays à plus forte inflation à stabiliser pour limiter leur déficit extérieur — ce qui freinait aussi l'inflation.

Au même moment, les économistes théoriciens du système monétaire international interviennent de deux façons. Milton Friedman explique que le régime des taux de change flottants, c'est-à-dire déterminés par les marchés, est le meilleur. Des économistes de l'Université de Stanford (Californie), de leur côté, expliquent que le système, qui est en théorie un « étalon or », est en réalité un « étalon dollar ». En conséquence, pour éviter de devoir s'imposer une stabilisation et du chômage pour défendre le dollar, les États-Unis coupent le lien entre le dollar et l'or en 1968. Les dévaluations des grandes monnaies se succèdent alors et les changes deviennent pratiquement flottants en 1973.

En 1974, donc, les grands pays font une stabilisation forte à peu près tous ensemble. Cela entraîne la crise économique mondiale et, en Europe, la fin des Trente Glorieuses, années de forte croissance suivant la Seconde Guerre mondiale. La hausse du prix du pétrole ne joue dans cet événement qu'un rôle secondaire et « endogène » : le « choc pétrolier » est beaucoup moins fort que le « choc déflationniste » des politiques de stabilisation.

La suite de l'histoire économique du monde développé est une très longue période de chômage élevé pour sortir de l'inflation, avec la reconstruction d'une zone de taux de change fixe (puis de monnaie unique) en Europe, et enfin la reprise de la croissance soutenue en Amérique du Nord, puis en Europe.

La situation actuelle, cependant, est grosse d'un risque majeur que les leçons de l'histoire peuvent aider à percevoir. Dans les années 1950, l'Europe était en plein emploi et l'inflation mondiale était contenue par la stabilité des prix américains grâce au large sous-emploi de ce pays. À l'aube du XXIe siècle, les États-Unis sont en presque plein emploi, mais l'Europe est en large sous-emploi et l'inflation est maîtrisée. La symétrie de la situation s'explique par une théorie qui montre que la charge de la stabilisation mondiale se concentre sur le plus gros pays. Dans les années 1950, c'était les États-Unis. Dans les années 1990, l'unification monétaire de l'Europe est intervenue, et en conséquence celle-ci se comporte de fait comme un seul pays. Ce dernier surpasse en taille les États-Unis, et la charge de la stabilisation se reporte sur l'Europe. Si, maintenant, le chômage diminue suffisamment en Europe, l'ensemble du monde arrivera au presque plein emploi, et l'inflation mondiale risque fort de ressurgir comme au milieu des années 1960. Le premier effet serait l'écroulement des Bourses que la fin de l'inflation mondiale dope extraordinairement. Cela entraînerait la chute de la consommation des ménages et de la source de fonds des entreprises, et une crise d'ensemble à laquelle on peut préférer ne pas penser. La question du jour est donc : combien doit-on garder de chômeurs en Europe pour ne pas aller jusque-là ?

De la connaissance à la politique économiques

Une conclusion de cette histoire est qu'avec l'avènement de la politique macroéconomique, la pensée économique devient un facteur majeur du destin du monde...

pour le meilleur ou pour le pire. Il est donc intéressant de regarder, à côté des débats entre économistes, la façon dont leur pensée influence les hommes politiques qui décident des mesures. C'est une histoire surprenante, fascinante, et parfois un peu désespérante, dont les modalités dépendent de la microsociologie, dans chaque pays, des milieux dirigeants de l'administration et de la politique, avec un fort rôle de la presse (un économiste doit souvent, pour s'adresser au Président, écrire un article dans un journal lu par des centaines de milliers de personnes). Les hommes politiques, généralistes ou spécialistes d'autre chose, ne connaissent souvent rien à l'économie (« je n'y comprends rien » est la première chose que M. Mitterrand m'a dite). Quand ils furent économistes ils ne peuvent plus suivre la recherche une fois au pouvoir. Et les conseillers sont d'une infinie variété. On a déjà noté des cas cruciaux en politiques macroéconomique et monétaire internationale*.

Les problèmes économiques d'aujourd'hui

Il est toutefois possible qu'après un demi-siècle de tâtonnements en politique macroéconomique, on soit à peu près parvenu à comprendre ce qu'il faut faire dans ce domaine. La fin des grands débats où, souvent, l'apparence scientifique n'était qu'une fine couche de peinture sur des préjugés idéologiques, en constitue peut-être un indice. Les politiques microéconomiques variées ne semblent pas soulever de difficultés scientifiques majeures. Le développement reste un défi pour une large partie du monde, mais il l'est notamment parce qu'il doit cesser d'être le destructeur de civilisations et de cultures qu'il a été jusqu'à présent. Cela étant, les tâches majeures de la connaissance et de la politique économiques actuelles se concentrent sur quelques grands problèmes : la justice distributive, la

* Voir annexe à ce texte.

qualité des relations sociales, la nature du travail, et la maîtrise autonome des désirs et besoins.

La justice économique

La compréhension de la question de la justice économique est sans doute la grande découverte de ces dernières années dans cette discipline. Reste la diffusion et l'application de ces résultats. Le problème est la distribution des ressources de la société. Mais la valeur de ce que nous consommons provient à 97,5 % du travail, directement ou indirectement. C'est dire que l'essentiel des ressources, en valeur, est constituée des ressources humaines, notamment des capacités de production, dont la rémunération est le salaire. Une certaine règle distributive, classique, attribue à chacun la « pleine propriété de lui-même ». Mais les taux de salaire que chacun peut obtenir sont extrêmement inégaux, et, avec cette pleine propriété de soi, ceux qui ne peuvent gagner que peu peuvent être dans la misère même s'ils travaillent d'arrache-pied. Les autres solutions reviennent à ce que des personnes aient certains droits dans les capacités productives d'autres.

On voudra, cependant, que ce système respecte les droits et libertés individuels de base, ceux de la Déclaration de 1789, qui d'ailleurs constituent le début et la base de nos Constitutions. On le voudra d'une part parce qu'il est illégal de les violer, d'autre part pour une raison morale, parce qu'ils constituent la liberté fondamentale des personnes. Cela restreint les possibilités de droit des personnes les unes sur les autres, mais ne les supprime pas et leur impose une forme particulière. On ne peut pas avoir le droit de détruire le capital que constitue l'autre (pas de propriété *usus et abusus*), ni le détenir en esclavage, ni même choisir son usage car les droits de base impliquent la liberté d'agir. On ne peut même pas, en y regardant bien, taxer le travail de quelqu'un car les droits de base, pris à la lettre, demandent que chacun ait droit à tout le fruit de ses actions. Mais on peut avoir un certain droit à la valeur de la disponibilité des capacités productives d'autres personnes.

Le résultat prend alors nécessairement une forme du type : les revenus que chaque personne peut gagner pendant un jour et demi par semaine sont également redistribués, et par ailleurs chacun est libre de travailler autant qu'il le veut sans autre impôt sur son salaire. Cette durée peut être différente ; par exemple, si les redistributions actuelles au niveau national étaient effectuées selon ce principe, cette durée serait entre un et deux jours par semaine (des États-Unis aux pays scandinaves). Cette durée doit aussi être complétée ou ajustée par des valeurs données pour les autres paramètres choisis du travail tels que l'intensité ou l'éducation et la formation. Il y a donc égalisation des revenus que chacun peut obtenir par un certain travail notionnel donné, le « travail d'égalisation », et le travail est libre et ni imposé ni subventionné par ailleurs. Cela efface les différences de productivités et de salaires individuels pour ce travail d'égalisation mais les laisse pour le reste où il y a pleine propriété de soi. C'est, pour ce travail d'égalisation, « à travail égal, salaire égal » (les inégalités éliminées ici sont celles des productivités et taux de salaires, et non seulement les discriminations comme dans les usages classiques de ce principe), ou « de chacun également en travail, à chacun également en monnaie », ou encore « de chacun selon ses capacités, à chacun également ». Les personnes dont les taux de salaires sont supérieurs à la moyenne cèdent en proportion de cet écart, celles à taux moindre que la moyenne reçoivent dans la même proportion. C'est une égalisation totale d'un salaire partiel plutôt qu'une égalisation partielle du salaire total — comme l'impôt sur le revenu actuel qui pour cela suscite gaspillage et chômage.

Puisque le travail effectif n'est ni taxé ni subventionné, cette redistribution est efficace et ne crée pas d'effet de désincitation, source de gaspillage social. Par ailleurs, le travail ou la durée d'égalisation représente le degré d'égalisation, de solidarité, de communauté économique, et — nous verrons pourquoi — de réciprocité, existant dans la société ; il serait nul s'il y avait pleine propriété de soi-même. Ce système réalise la fonction de distribution de l'État. Les autres dépenses publiques doivent être financées par des impôts correspondant aux bénéfices que chacun en retire, comme des prix représentant des achats payés avec les revenus distribués au mieux par le système décrit. Enfin, ce système distributif revient à ce que chacun cède à chaque autre le produit de la même (petite) quantité de son travail, ou que chacun ait droit au produit de la même quantité de travail de chaque autre : c'est la justice comme réciprocité équitable.

Réciprocité, nature du travail, maîtrise de ses désirs

Cette structure de réciprocité de la justice est de nature à favoriser sa réalisation plus ou moins volontaire de la part des payeurs, plutôt que seulement contrainte. En fait, le terme réciprocité est plus couramment utilisé pour désigner un ensemble de dons — transferts volontaires — reliés par les motivations des participants. Le cas le plus élémentaire est celui d'un don suivi d'un contre-don. Le don pur peut même être considéré comme le cas limite où le contre-don se réduit à zéro. Ces transferts par don ou réciprocité s'opposent tant aux transferts par force qu'aux échanges au sens strict, c'est-à-dire marchands, où les transferts sont mutuellement conditionnels. Ces derniers disent « je te cède ceci si tu me cèdes cela », un genre de chantage, alors que la réciprocité est « puisque tu m'as donné ceci, je te donne cela ». Les dons et réciprocités peuvent ainsi s'affranchir tant de la coercition que de l'égoïsme des échanges marchands et réaliser des transferts de biens ou de travail fondés sur des relations, attitudes et sentiments de qualité. De fait, dons et réciprocités sont souvent suscités par des pressions sociales et des normes pesantes, mais il n'y a pas nécessairement que cela. Or la bonne société est faite de bonnes relations et non seulement d'échanges profitables, d'actes justes et non seulement efficaces, d'attitudes dignes et non seulement habiles, de personnes bonnes et non seulement de consommateurs satisfaits. Favoriser le champ des relations de réciprocité doit donc être un but important des politiques d'éducation et de structure des institutions.

Cela doit notamment affecter les relations de travail. Mais la nature de celui-ci, qui occupe tant de notre temps, est aussi un facteur essentiel de la bonne économie. Certaines personnes voient la retraite comme un soulagement, d'autres comme une calamité — ou bien elles continuent à travailler sans être payées pour cela. Une inégalité fondamentale de notre société oppose les personnes pour qui le travail est d'abord pénible, et celles pour qui c'est une possibilité de réalisation de soi, de création, de responsabilité désirée, voire de joie. Une politique essentielle consiste donc à favoriser la meilleure évolution de cette question par les politiques du temps et de l'organisation du travail, de la technologie, et de l'enseignement.

Enfin, l'économie est tirée par les besoins et, quand ceux-ci sont satisfaits, par les désirs. Mais les désirs de biens économiques eux-mêmes viennent largement des hasards des rencontres, de la famille, de la publicité, ou de la mode. Ils suscitent l'insatisfaction et leur satisfaction fait place à d'autres désirs insatisfaits, comme une roue tournant sans fin. Est-ce un moteur rationnel ou raisonnable pour le monde ? Si l'on en doute, et si l'on veut respecter la liberté des personnes, la solution ne peut être que la diffusion de l'enseignement de la possibilité, pour chacun, de maîtriser la naissance de ses propres désirs, et des méthodes pour y parvenir. « Changer mes désirs plutôt que le monde », disait Descartes après les stoïciens et avec les bouddhistes. C'est dire que l'économic devrait *in fine* être régulée par plus de sagesse, plutôt que par ce que les Orientaux appellent « le singe fou de l'esprit ».

Une conséquence devrait être que l'économie perde le rôle central, dominant et obsessionnel qui est le sien dans le monde moderne, au profit d'activités intrinsèquement plus riches, intéressantes et humaines. La Bourse ou la vie : il faut choisir.

Annexe

Quelques anecdotes françaises peuvent illustrer certains phénomènes importants.

Les conseillers du Premier ministre Barre — le plus savant arrivé au pouvoir — lui proposent de faire un « cycle politique ». Il s'y refuse pour une raison morale. Il perd les élections.

Un président de la République dénonce fortement le chômage comme le fléau numéro un, en public. On lui montre le soir, en privé, que telle mesure qu'il est sur le point de prendre créera quatre cent mille chômeurs de plus. La réponse est l'équivalent présidentiel de « bof ».

M. Bérégovoy comprend remarquablement bien que la politique dit du « franc fort » n'est pas appropriée. Mais, ce qui a le plus de succès en politique en France, c'est soit, étant à droite, de montrer qu'on a aussi un grand cœur en dénonçant la « fracture sociale », soit, étant à gauche, de montrer qu'on sait être réaliste en étant monétariste. D'où une politique déflationniste, du chômage, la perte des élections, la fuite des amis, et la fin.

En 1983, les journalistes présentent la situation comme un dilemme entre la déflation ou rester dans le système monétaire européen. C'est faux : il existe une troisième politique qui obéit aux traités européens et évite la déflation (*cf. Sortir de la crise*, Hachette, 1984). Le président consulte une quinzaine de personnes, d'avis opposés. Il choisit au hasard le dernier conseil entendu, assorti d'une métaphore rurale (le « franc coulera comme une pierre dans un lac »).

En 1972, à un moment où le ministre des Finances assure qu'il connaît Keynes et où un de ses conseillers explique qu'il n'y a pas de relation entre l'inflation et la masse monétaire, celle-ci croît à un rythme de 30 % l'an. Point n'est besoin d'être « monétariste » à tout crin pour prévoir ce qui arrive : l'inflation explose en France, elle s'établit à 6 % au-dessus de celles de l'Allemagne et des États-Unis, et la réduction ultérieure de cet excès coûtera 2 millions d'année-chômeurs (cette unité veut dire un chômeur pendant un an).

En janvier 1973, le même ministre vient de lire un article d'un économiste qui suggère (avec un freinage monétaire) une baisse d'impôt à fin de relance. Il baisse un impôt particulier, la TVA, ce qui a l'effet automatique passager de baisser les prix. Ceux-ci, en effet, cessent de monter d'un mois au suivant. Le ministre annonce alors qu'il a mis fin à l'inflation, qui commençait à énerver les Français. Et le gouvernement gagne de justesse les élections de début mars. Puis le cours de la hausse des prix reprend. La même personne, devenue président de la République, expliquera plus tard le chômage de la nouvelle grande crise par la démographie résultant de la guerre de 1914 (oubliant qu'un travailleur est aussi un consommateur — ce qui est également vrai en ce qui concerne le prétendu effet des immigrés sur le chômage).

Je dois ajouter que, maintenant, les conseillers économiques les plus proches du pouvoir en France et aux États-Unis sont ceux que j'aurais recommandés si on me l'avait demandé.

L'Histoire

par JACQUES LE GOFF

Pour vous parler de la science historique aujourd'hui, je partirai d'un texte de Marc Bloch dans son *Apologie pour l'Histoire ou métier d'historien* laissée inachevée par sa mort tragique et héroïque en 1944.

« L'histoire n'est pas seulement une science en marche. C'est aussi une science dans l'enfance : comme toutes celles qui ont pour objet l'esprit humain, ce tard venu dans le champ de la connaissance rationnelle. Ou, pour mieux dire, vieille sous la forme embryonnaire du récit, longtemps encombrée de fictions, plus longtemps encore attachée aux événements les plus immédiatement saisissables, elle reste, comme entreprise raisonnée d'analyse, toute jeune. »

De quand peut-on dater son apparition comme entreprise raisonnée ? Je reviendrai sur le problème de l'histoire comme science.

Je me range à l'avis de l'historien allemand Reinhart Koselleck dans son ouvrage publié en 1979 et en traduction française sous le titre *Le futur passé. Contribution à la sémantique des temps historiques*, en 1990 : l'histoire est une notion et une discipline nées dans la seconde moitié du XVIIIe siècle. Elle est un produit des Lumières au même titre

Texte de la 95e conférence de l'Université de tous les savoirs donnée le 4 avril 2000.

que les notions de politique, de religion et d'économie inconnue auparavant.

Je ne chercherai pas à résumer la longue préhistoire de la science historique depuis l'apparition du terme *ιστορια* dans la Grèce antique avec le sens de recherche, enquête puis de résultat d'une enquête, récit et ce depuis la composition au Vᵉ siècle avant l'ère chrétienne des « Histoires » par Hérodote, le « père de l'histoire ». Même si Bernard Guenée a pu écrire en 1980 une excellente *Histoire et culture historique dans l'Occident médiéval*, il n'y a pas d'histoire raisonnée au Moyen Âge. Le XVIᵉ siècle humaniste a suscité une double poussée de réflexion historique. D'une part un recours de la morale, de l'éthique à l'histoire considérée comme *magistra vitae* — maîtresse de vie. Dans cette ligne se situe Montaigne toujours en quête de l'« humaine condition » : « les historiens sont ma droite balle [...] l'homme en général de qui je cherche la connaissance, y paraît plus vif et plus entier qu'en nul autre lieu [...] ». D'autre part certains auteurs de la fin du XVIᵉ siècle réclament une histoire qui ne néglige aucune connaissance importante, d'où le concept d'histoire parfaite qui, dans un contexte et avec un contenu tout différents évoque ce que sera l'ambition d'histoire totale ou globale de la revue *Annales* mais qui intègre aussi nécessairement le souci rhétorique et littéraire. De cette tendance l'auteur le plus original et qui est allé le plus loin dans cette direction est Lancelot de La Popelinière qui publie en 1599 à la fois un *Dessein de l'histoire nouvelle des Français* où il propose une révision de l'histoire de France débarrassée des légendes et des mythes (je retiens l'adjectif nouvel) et surtout *L'Histoire des histoires*, avec l'idée de l'histoire accomplie, insiste sur le fait que l'histoire doit élaborer et présenter les causes, les issues et les progrès, bref expliquer.

Quand, dans la seconde moitié du XVIIIᵉ siècle, naît la conception moderne, rationnelle de l'histoire, des voix s'élèvent pour réclamer (déjà !) pour l'histoire un nouveau contenu autre que celui des règnes, des cours, des batailles, des anecdotes, des bagatelles, tout ce que Voltaire appelle : « ces petites miniatures ». Je vous renvoie en particulier à deux de ces voix de la modernité en histoire : Voltaire, dans *Les Nouvelles Considérations sur l'histoire*, 1744, et Chateaubriand dans la Préface des *Études historiques*, 1831.

Chateaubriand écrit : « Une grande révolution est accomplie, une grande révolution se prépare : la France doit recomposer ses annales, pour les mettre en rapport avec les progrès de l'intelligence. »

L'exigence, le travail à accomplir aujourd'hui débordent largement le renouvellement des annales de la France. C'est toute l'histoire qu'il faut repenser, relancer en la faisant participer et même si possible en la plaçant à l'avant-garde de la grande mutation que le monde, les sociétés, et les savoirs (l'intelligence) vivent aujourd'hui et nous avec. Mais avant de nous porter sur le front des savoirs de l'an 2000 revenons un moment en arrière.

Le XIXe siècle a été pour l'Occident le siècle de l'histoire selon un double sens. Il a été, comme je l'ai proposé après d'autres, le siècle du démarrage de l'histoire comme savoir rationnel, comme une des disciplines scientifiques essentielles. Il a été aussi le siècle où l'histoire a tout submergé et entraîné : individu et sociétés, politique, économie, religion, philosophie sous un drapeau, celui de la nation.

Que répondre aujourd'hui à deux questions toujours brûlantes nées au XIXe siècle, siècle de la science, siècle de la nation. L'histoire est-elle une science ? Y a-t-il un sens de l'histoire et la nation est-elle ce sens ?

Oui. L'histoire est une science mais elle est une de ces sciences différentes des sciences de la nature et aussi de la vie, même si les interfaces ici sont plus importantes et plus significatives, que sont les sciences sociales ou, si l'on veut, les sciences humaines et sociales, les sciences de l'homme et de la société.

Leur spécificité vient de ce qu'elles sont des sciences dans le temps et que le hasard s'y combine avec la nécessité, qu'elles sont des sciences de l'individuel et du collectif, qu'elles échappent au déterminisme strict (mais l'astrophysique notamment ne nous a-t-elle pas récemment appris que l'univers aussi a une histoire, la biologie et la médecine n'ont-elle pas dû admettre que le corps aussi à une histoire ?), qu'elles concernent enfin l'esprit comme la matière à supposer que cette dichotomie soit parfaitement pertinente.

Science particulière, la science historique est une science d'abord parce que son horizon est, comme pour les autres sciences, la vérité. Le relativisme s'est introduit en physique sans que la physique cesse d'être en quête de vérité, le relativisme historique conduit à une conception plus souple de la vérité, il ne peut l'évacuer sans sombrer dans l'irrationnel.

Car là est le caractère fondamentalement scientifique de la discipline historique. L'histoire « objective » c'est autre chose, une difficulté du raisonnement historique est que le mot histoire en français désigne deux choses différentes entre lesquelles la discipline historique a précisément pour mission d'éclairer les rapports mais qu'elle doit distinguer comme les Allemands distinguent *Geschichte* et *Geschichtswissenschaft*, comme le faisaient les latins *(res gestae et historia rerum gestarum)*. Le caractère fondamentalement scientifique de la discipline historique est donc de raisonner rationnellement.

De tout ceci découlent deux autres caractères scientifiques de la science historique : elle ignore les lois mais elle recherche comme les autres sciences sociales, les régularités, elle a recours à des méthodes scientifiques de recherche et de traitement des faits historiques qui sont définies par des règles et qui sont susceptibles de vérification.

En dehors de cette rationalité, l'histoire n'est que bavardage, fable et vaticination. La discipline historique est une science et un métier. Il y a et il doit y avoir une séparation même si concrètement la coupure n'est pas aussi nette et si une collaboration peut s'instituer entre eux — entre l'historien professionnel et l'historien amateur.

Les Lumières et le XIXe siècle ont institué une coupure épistémologique qui a constitué l'histoire comme science, mais cela s'est fait à la fois dans une perspective proprement scientifique, rationnelle et dans une perspective idéologique. Celle-ci a été celle du progrès relayé par l'évolutionnisme. L'histoire avait un sens, le progrès remplaçait la providence et conservait certains des inconvénients majeurs de la téléologie et pire encore, pour une majorité d'Occidentaux du XIXe siècle et pour une majorité d'historiens, le progrès s'identifiait à la nation, sous l'impulsion de la Révolution qui avait élaboré deux idéaux en fait difficilement compatibles : l'idéal des droits de l'homme et l'idéal national (devenu bientôt nationaliste). La nation, même si elle n'étouffait pas la science historique dans une eschatologie nationaliste, lui imposait au moins un cadre national qui débordait trop facilement de sa légitimité (la nation est un phénomène historique démocratique au départ) pour dresser des barrières et créer des frontières qui masquaient et entravaient une vision historique selon la profondeur, la hauteur et la largeur d'horizons nécessaires.

Un problème lié à celui-ci doit en être distingué et requiert une attention particulière. Les conceptions historiques, les problématiques des historiens sont à l'évidence influencées par les conditions de leur temps. Marc Bloch l'a dit de façon saisissante en rappelant le proverbe arabe : « Les hommes ressemblent plus à leur temps qu'à leurs pères. » Je reviendrai sur les liens réciproques entre présent et passé. Je veux simplement ici souligner cette dépendance du passé par rapport au présent dont les conséquences sont à la fois positives et négatives. Positives parce que le présent non seulement éclaire le passé mais permet parfois de découvrir ce qui aurait pu rester enfoui, ou masqué, ou incompris dans le passé. Michelet a dit, magnifiquement, la façon dont « l'éclair de juillet » (la révolution de 1830) lui avait dévoilé tout un pan de l'histoire de France.

Mais les historiens peuvent aussi commettre l'erreur dénoncée par Lucien Febvre comme le péché majeur de l'historien : l'anachronisme. Est-ce faire œuvre historique que de lire les Croisades — qu'il ne s'agit pas de réhabiliter — comme une entreprise colonialiste ? Si les croisés, qui n'avaient aucun sens de l'histoire et du changement selon l'évolution historique, étaient pardonnables de croire que les juifs de leur temps étaient contemporains du Christ et étaient donc ses bourreaux, les historiens du XXe siècle ne le sont pas de considérer les Croisades à la lumière de la décolonisation qu'ils voient sous leurs yeux. Une des tâches principales de la critique historique doit être pour les historiens de repérer, d'analyser et de se défaire de cette pression que le présent exerce sur eux pour lire le passé.

Peut-on limiter ce bref aperçu du rôle du XIXe siècle dans la construction de la science historique à cette distorsion entre l'élaboration d'une méthode rationnelle distanciatrice et l'abandon à une idéologie progressiste et nationaliste ?

Heureusement non.

Je distingue trois acquis principaux de la science historique au XIXe siècle.

Le premier est l'élaboration de méthodes d'érudition — la constitution d'archives, d'institutions savantes telles que l'École nationale des Chartes en France et les *Monumenta Germania Historica* en Allemagne à Munich, la définition de documents comme sources de l'histoire, la mise sur pied de techniques dites sciences auxiliaires de l'histoire parmi lesquelles la chronologie dont on ne dira jamais assez qu'il n'y a pas d'histoire sans chronologie. Il faut dire aussi avec force que cette érudition, ces méthodes critiques restent et resteront une base essentielle de la science historique et du travail de l'historien. Cette formation distingue aussi l'historien professionnel de l'historien amateur.

Mais dès le XIXe siècle la pratique devenue traditionnelle de l'érudition a abouti à un dessèchement de la critique historique. Celle-ci s'est focalisée sur la recherche du faux et a eu tendance à s'y réduire alors que la critique du document doit répondre à un questionnement beaucoup plus large et plus riche.

Le second acquis a été l'élaboration d'une définition qui a permis à l'histoire de prendre pleinement sa place dans l'ensemble des sciences humaines et sociales au XXe siècle. La définition est de Fustel de Coulanges (1830-1889) et elle a été confortée et complétée par Marc Bloch dans la première moitié du XXe siècle : « L'histoire est la science des hommes en société dans le temps. » Les trois termes sont également importants et leur force vient de leur mise en rapport. L'objet de l'histoire ce sont les hommes vivant et agissant de tout leur être (corps, sensibilité, mentalité compris) dans tous les domaines (vie quotidienne, vie matérielle, techniques, économie, société, croyance, idées, politiques, etc.) selon leurs caractères individuels mais aussi et surtout collectifs (d'où l'importance de l'étude des structures sociales et de leur fonctionnement), enfin dans le temps. Je reviendrai sur la dimension temporelle de la science historique mais je veux dès maintenant insister sur l'importance fondamentale pour l'historien de la dynamique des sociétés et sur l'histoire comme science du mouvement et du changement. Il n'y a pas d'histoire immobile.

L'histoire se trouve ainsi définie comme une science de la vie (on peut considérer Michelet comme le père de cette conception), des hommes vivants et donc changeants. Je ne peux me retenir de citer une phrase célèbre de Marc Bloch : « Ce sont les hommes que l'histoire vient saisir. Qui n'y parvient pas ne sera jamais, au mieux qu'un manœuvre de l'érudition. Le bon historien, lui, ressemble à l'ogre de la légende. Là où il flaire la chair humaine, il sait que là est son gibier. » Ajoutons ici la phrase de Lucien Febvre stigmatisant les historiens de la société rurale chez qui « les paysans ne labourent que des cartulaires ».

À quelle autre définition s'oppose cette définition humaine, sociale de l'histoire ? À celle-ci : « L'histoire est la science du passé. » Le commentaire de Marc Bloch est sans appel : « L'idée même que le passé, en tant que tel, puisse être l'objet de science est absurde. Des phénomènes qui n'ont d'autre caractère commun que de ne pas avoir été contemporains, comment, sans décantage préalable, en ferait-on la matière d'une connaissance rationnelle ? » Insistons, l'histoire ce n'est pas non plus la science des hommes du passé ou dans le passé, c'est la science des hommes dans le temps, dans le changement.

Le troisième acquis de la science historique au XIXe siècle est plutôt un blocage qu'une acquisition vivante. Il résulte d'une abdication de l'historien devant le document, d'un optimisme naïf dans le pouvoir du document, une fois que son authenticité a été établie, de sécréter la connaissance historique. Ce mouvement, l'historicisme qui eut le mérite d'expliquer ce qui est arrivé par le moment où ça arriva (mais ce moment est bien trop limité) et en recourant à une science spécifique usant de processus logiques, la science de l'histoire, a connu son apogée en Allemagne avec Ranke (1795-1886) qui donna à l'histoire l'objectif à la fois héroïque et très limité suivant : « l'épanouissement d'une histoire véritablement positive ne visant à rien d'autre qu'à retrouver les événements d'autrefois comme ils se sont réellement passés *(wie es eigenblich geschach)*, s'appuyant sur une étude critique des sources » (Marrou). L'historicisme ne cessa de dériver et de dépérir au cours du XIXe siècle idéaliste, qui conduisit parfois à un messianisme historique et alla jusqu'à inspirer certaines théories nazies et un idéal érudit dit « positiviste » qui fuyait les idées et bannissait de l'histoire la recherche des causes. Cette tendance trouva son discours de la méthode chez deux historiens français C.V. Langlois et Charles Seignobos : *Introduction aux études historiques* (1898). L'histoire « positiviste » eut surtout du succès en France et aux États-Unis.

Dans ce trop succinct survol de l'histoire au XIXe siècle, je n'ai pas cité Marx parce que dans le domaine de l'histoire l'influence de Marx fut très limitée, d'abord parce que son bagage historique était assez mince et surtout parce que l'histoire dans la postérité marxiste fut submergée et complètement pervertie par le marxisme-léninisme. Gramsci rappela vainement que dans l'expression « matérialisme historique » le mot important était historique qui était scientifique et non matérialisme qui était métaphysique. Marx pourtant avait écrit : « On voit combien la conception passée de l'histoire était un non-sens qui négligeait les apports réels, et se limitait aux grands événements politiques et historiques retentissants. »

En effet Ranke s'il a été un adversaire des théories historiques nationales a appauvri la pensée historique en accordant une importance excessive à l'histoire politique et diplomatique. Cette histoire n'étant pas vraiment morte, il faut redire avec Lucien Febvre : « L'histoire historisante demande peu. Très peu. Trop peu pour moi. »

Au début du XXe siècle les limites, les dérives de cette histoire érudite et historiciste qu'on allait appeler « positiviste », « événementielle », « historisante » suscitèrent de plus en plus de critiques et de désirs de renouvellement. Le mouvement fut européen avec un écho aux États-Unis. Son point culminant fut la création à Paris par Marc Bloch et Lucien Febvre de la revue *Annales d'histoire économique et sociale* (1929).

Avant d'esquisser un bilan de l'héritage des *Annales* pour l'histoire aujourd'hui, je souligne que la révolte contre l'histoire positiviste du XIXe siècle, geste capital, a eu pour cible essentielle les conceptions de document, d'événement, de fait historique — c'est tout un.

Contrairement à la croyance naïve des historiens positivistes on s'est rendu compte que, selon le mot de Paul Veyne, l'histoire doit être « une lutte contre l'optique imposée par les sources » et Michel Foucault dans « la mise en question du document » a défini l'histoire comme « ce qui transforme les documents en monuments », c'est-à-dire qu'au lieu de déchiffrer des traces laissées par les hommes » l'histoire « déploie une masse d'éléments qu'il s'agit d'isoler, de grouper, de rendre pertinents, de mettre en relations, de constituer en ensembles » (*L'Archéologie du savoir*, 1969, p. 13-15). Plus fondamentalement l'événement, le fait historique ne sont pas donnés par les sources à l'historien. Ils sont sa construction. L'histoire devient ainsi définitivement une science car, comme toutes les sciences, elle doit créer son objet.

Que reste-t-il de l'héritage des *Annales* ?

— D'abord le domaine défini par le titre : l'histoire économique et sociale, mais l'histoire économique a été déconsidérée par l'effondrement du marxisme et par l'impuissance de l'économie à se glisser dans une problématique historique.

— L'instauration d'un dialogue entre l'histoire et les sciences sociales mais il a été limité par l'indifférence des sciences sociales (sociologie, ethnologie/anthropologie) au temps et à l'évolution historique.

— L'horizon d'une histoire totale ou globale qui n'a rien à voir avec l'affirmation que tout est dans tout et réciproquement et qui ne s'est pas confondue avec une histoire universelle à la place de laquelle Michel Foucault a suggéré d'élaborer une histoire générale, préfigurée par La Popelinière tandis que Pierre Toubert et moi-même proposions le choix d'objets globalisants (le Purgatoire, Saint Louis). Les *Annales* ont aussi mis à la base de la démarche l'histoire problème — posant au départ d'une recherche et d'une réflexion historique un problème et non un fait ou un thème. Les *Annales* ont insisté sur l'étude des structures mais selon une perspective dynamique — qui refuse un structuralisme indifférent au temps et qui n'oppose pas le collectif à l'individuel.

Enfin Marc Bloch en particulier a assigné à l'histoire l'étude des relations réciproques entre passé et présent — celui-ci, étant plus volontiers défini comme l'actuel. Éclairer le présent par le passé mais aussi le passé par le présent est devenu l'objectif de l'histoire. Dans son œuvre et dans sa vie, Marc Bloch a montré l'étroite relation unissant l'historien, l'amateur d'histoire et le citoyen.

Entre 1950 et 1980 divers compléments importants ont été apportés à la science historique, dans la lignée des *Annales*, Fernand Braudel a attiré l'attention sur la nécessité de situer la réflexion historique dans la longue durée.

Je crois que l'agencement des temps de l'histoire est plus complexe et met en cause une pluralité plus grande de temps historiques. Il faut retourner à Marc Bloch : « Le temps humain demeurera toujours rebelle à l'implacable uniformité comme au sectionnement rigide du temps de l'horloge. Il lui faut des mesures accordées à la variabilité de son rythme et qui, pour limites, acceptent souvent, parce que la réalité le veut ainsi, de ne connaître que des zones marginales. C'est seulement au prix de cette plasticité que l'histoire peut espérer adapter, selon le mot de Bergson, ses classifications aux "lignes mêmes du réel", ce qui est, proprement, la fin dernière de toute science. » Et, j'ajoute, une histoire qui confrontera sans cesse le temps mesuré au temps vécu.

En approfondissant le dialogue avec l'ethnologie, les historiens issus des *Annales*, ont élaboré une anthropologie historique qu'André Burguière a définie comme une démarche de totalisation ou plutôt de mise en relation des différents niveaux de la réalité et il voit une préfiguration de cette démarche dans *L'Histoire des mœurs* de Tocqueville.

De même ces historiens ont bâti une histoire des mentalités, une histoire des représentations, une histoire de l'imaginaire. Désormais la réalité historique est l'ensemble de deux volets : la réalité des faits et la réalité de leurs échos dans la conscience, réalités factuelles et réalités imaginaires. Et l'histoire des mentalités se double d'une histoire des valeurs, des idées-forces réfractées dans les consciences et les comportements, une histoire intellectuelle et des mentalités remplaçant la vieille histoire des idées, la *Geitesgeschichte* allemande.

Mais il ne faut pas non plus exagérer la portée de la nouvelle histoire des mentalités, elle ne pèse pas sur l'évolution historique comme une causalité première. Beaucoup d'historiens désarçonnés par l'effondrement de l'économie comme causalité primaire générale se sont rabattus sur les mentalités pour tenir ce rôle. C'est une autre erreur. De même un nouveau domaine a pris en histoire une grande ampleur : l'histoire culturelle et on l'a aussi utilisée comme causalité historique générale. L'explication de l'histoire et de l'évolution historique par la culture est une erreur comparable à l'ancienne causalité économique même si la notion d'histoire culturelle fournit un pont avec l'anthropologie et a permis d'intégrer plus facilement des réalités humaines que l'idée de civilisation intégrait moins bien.

Malgré ces enrichissements l'histoire définie par la mouvance des *Annales* a donné à partir de 1980 environ de plus en plus de signes d'essoufflement, voire d'épuisement et elle a été l'objet d'une convergence de critiques dont les plus intéressantes ont sans doute été formulées par François Dosse dans *L'Histoire en miette. Des « Annales » à la « nouvelle histoire »* (1987). François Dosse y appelle les historiens à retrouver l'élan premier des *Annales*, à retrouver un discours d'histoire global, à renoncer à une histoire immobile, à une histoire passéiste, à une histoire qui serait tombée dans le piège de la coupure présent-passé, et à réintroduire l'événement en histoire.

Cette crise de l'histoire des *Annales* s'inscrit dans une plus large « crise de l'histoire » en général. En discuter déborderait largement le peu de temps qui me reste.

Je me contenterai de trois remarques.

Si l'on entend par crise la déconstruction d'un système et la phase de troubles et de turbulences qui, selon la conception gramscienne, prépare la construction d'un nouveau système et qui est plus riche de promesses et d'invitation à l'effort intellectuel que de contemplation découragée de ruines, alors oui, l'histoire est en crise mais je préfère parler de « mutation » parce que c'est regarder l'avenir, tandis que « crise » est trop tourné vers un passé dont il faut reconnaître les héritages vivants mais auquel il faut savoir s'arracher pour bâtir mieux sans nostalgie, avec lucidité critique constructive et volonté.

Si je dis que cette crise est liée à celle des sciences sociales dans leur ensemble et celle-ci à celle de notre société et de notre savoir globalement ce n'est pas vouloir noyer le poisson mais c'est définir l'ampleur du problème et de la tâche, et souligner qu'il ne peut s'agir de retouches ou de retours mais que c'est tout un bloc historique et scientifique qu'il s'agit de prendre à bras le corps.

Le problème n'a pas échappé au comité de direction des *Annales* qui dans le numéro de mars-avril 1988 a publié un texte intitulé : « Histoire et sciences sociales : un tournant critique ? »

« Le moment est venu, y écrivions-nous, de rebattre les cartes » et nous y esquissions de nouvelles méthodes, citant deux d'entre elles : « les échelles d'analyse et l'écriture de l'histoire » et de « nouvelles alliances », en d'autres termes repenser et redéfinir une pratique de l'interdisciplinarité. Et nous concluions : « Le moment ne nous paraît pas venu d'une crise de l'histoire dont certains acceptent, trop commodément, l'hypothèse. Nous avons en revanche la conviction de participer à une nouvelle donne, encore confuse, et qu'il s'agit de définir pour exercer demain le métier d'historien. » J'ai le sentiment que nous ne sommes pas encore sortis de cette phase mais je crois que nous prenons mieux conscience du caractère général d'une crise qui dépasse l'histoire. Comment s'en étonner quand on professe une conception de l'histoire qui la pratique dans toute l'épaisseur et la profondeur des réalités humaines ?

Un certain nombre de retours cherchent à conjurer la crise. Je commencerai par un bref rappel de ces retours mais j'essaierai de montrer en même temps comment de simples retours ne sont pas des solutions. Les solutions à des problèmes ne se situent pas dans un retour au passé.

Le premier retour est celui de l'histoire politique. Elle a été négligée par les *Annales* essentiellement parce qu'elles refusaient l'histoire politique dominante au XIXe et au XXe siècles. Nous savons maintenant qu'on peut faire une authentique histoire politique autrement. Elle a été esquissée dès 1924 par Marc Bloch dans *Les Rois thaumaturges* dont le retentissement est récent. Il ne s'agit pas de faire l'histoire de « la » politique mais « du » politique, du « pouvoir ». Il faut y intégrer le symbolique, l'imaginaire — comme il a été fait récemment dans un colloque dirigé par Jacques Julliard sur *La Mort du roi* à partir des funérailles de François Mitterrand — et la lier à l'histoire sociale et à l'histoire des valeurs. On a donné à ce programme le nom « d'anthropologie politique historique ». Elle doit combattre le retour à une histoire politique passéiste qui cherche à revivre — au besoin sous des oripeaux modernistes — et garder ses distances vis-à-vis de la *politologie* qui est trop rarement une science des hommes et de la vie et qui n'intègre que trop imparfaitement le temps, la durée dans ses analyses et ses explications.

Le deuxième retour est celui de l'événement. Pierre Nora et Jacques Revel ont défini l'événement nouveau qui s'impose à l'histoire et qui est, qui doit être le contraire d'un retour à la vieille histoire événementielle. « L'événement donne désormais à lire l'imaginaire d'une société pour laquelle il joue ensemble le rôle d'une mémoire et celui d'un mythe. »

Le troisième retour est celui de l'histoire récit. Ici un texte de Fustel de Coulanges reste actuel : « Non l'histoire n'est pas un simple récit, sans doute elle ne peut pas se passer d'un certain art, elle doit avoir la beauté de la forme comme toutes les productions de l'esprit humain, comme toutes les sciences [...]. Mais l'histoire n'est pas seulement une œuvre d'art. Si elle n'avait d'autre mérite que celui d'un agréable récit, je dirais qu'elle ne vaut pas ce qu'elle coûte. »

Le problème est aujourd'hui différent. C'est celui de l'écriture de l'histoire. Le recours à des méthodes quantitatives, « le choix d'objets inédits » de la science historique, d'autres changements d'objectifs et de méthodes ont posé le problème de nouvelles formes d'argumentation et de preuves en histoire. La question est d'autant plus importante que l'écrit joue toujours un rôle essentiel dans la communication de la recherche historique qui ne peut se limiter au milieu professionnel mais doit assurer une diffusion dans l'enseignement et dans la vulgarisation par les médias. Un danger qui guette l'enseignement de l'histoire dans les manuels scolaires est celui des passions nationalistes. Il faut renforcer la surveillance un peu lâche qu'exerce l'Unesco. L'intérêt de la télévision pour l'histoire a un revers de la médaille, c'est la tendance à privilégier l'événement spectaculaire et donc à ramener l'histoire à ses tendances primitives. Il faut favoriser les chaînes d'explication et de réflexion sur l'histoire comme les chaînes Histoire, la Cinquième et Arte. Un second danger est la tendance de l'histoire contemporaine à monopoliser les écrans. Il faut insuffler de la longue durée dans l'histoire télévisée. De façon générale l'engouement pour l'histoire contemporaine dans l'enseignement, dans les médias, dans les publications pose des problèmes qui ne tiennent pas seulement à la place démesurée qu'elle y occupe, occultant les genèses et les continuités et les causes, mais aux différences de quantité documentaire, de liberté d'accès aux archives, et presque de nature que présente cette histoire qui, plus que la phase la plus récente de l'histoire, est par bien des aspects une autre histoire. Les efforts pour intégrer à la science historique l'histoire la plus actuelle par le biais de l'histoire immédiate vont dans le bon sens, et reconnaître la spécificité de l'histoire contemporaine ne doit pas conduire à l'isoler de la continuité historique. Il faut enfin remercier les éditeurs qui ont accordé depuis un quart de siècle environ une place importante à l'histoire dans leurs collections de sciences humaines et sociales. Ils ont répondu ainsi à une évolution de la science historique vers un effort croissant de communication et à la demande d'un public de plus en plus large. Mais ils ne doivent pas céder à ce que A. Marwick a appelé « l'industrie de l'histoire ». On le voit par exemple dans le domaine de la biographie.

Le quatrième retour que je veux évoquer est en effet celui de la biographie. On jugera peut-être paradoxal que l'auteur d'un *Saint Louis* et d'un *Saint François d'Assise* veuille surtout mettre en garde contre le caractère non scientifique et tout simplement médiocre d'une grande partie de la production biographique qui ne cesse de déferler. Anachronisme, verbiage, dérive dans l'anecdote et une psychologie de pacotille (la psychologie est un ver qui ronge l'histoire), absence ou futilité des problématiques, insuffisante connaissance et traitement superficiel des sources, combien de faiblesses tiennent loin du domaine scientifique une masse de biographies. Ici encore le retour de la biographie doit être non une rétrogradation mais un progrès. L'histoire biographique est celle de l'individu et il ne peut y avoir de biographie légitime qui ne pose le double problème de la conception de l'individu à l'époque considérée (c'est le contraire même de l'idéologie du grand homme et cela oblige à renoncer à ce que Pierre Bourdieu a appelé l'illusion biographique et à la fausse opposition entre l'individu et la société) et à réfléchir sur la place de l'individu dans la science historique.

Le cinquième et dernier retour est celui du sujet où je ne m'aventurerai pas pour ne pas glisser dans la philosophie de l'histoire, qui est une démarche de philosophe et non d'historien. Je mentionnerai simplement l'intéressante remarque de l'historien italien Giovanni Lévi notant qu'une biographie scientifiquement menée peut aider à définir et mesurer la petite marge de liberté de l'homme dans l'histoire.

Pour terminer permettez-moi d'énumérer sans développer, je n'en ai plus le temps — les principales tâches de la recherche historique — nombreuses et majeures en ce temps de mutation des sciences sociales, de la société et du savoir.

Nouer de nouvelles relations avec les sciences sociales. Je souhaite quant à moi la constitution d'une anthropologie historique regroupant histoire, sociologie et anthropologie, animée par la recherche et l'explication du changement des sociétés dans le temps sur tous les plans. Cette science devrait rester en étroit contact avec la géographie selon la féconde tradition française du couple histoire et géographie car une des lignes du renouvellement de l'histoire doit se poursuivre par des recherches sur les temps et les espaces et leurs dynamiques.

L'histoire doit retrouver un objet synthétique et briser la catastrophique fragmentation en histoire politique, sociale, économique, cultuelle, histoire de l'art, histoire du droit, etc.

La sémantique historique clarifiant les termes et les concepts, au-delà d'une philologie inerte, dans une perspective de transformations et de créations, doit permettre une relecture décapante des documents.

L'étude des sources doit continuer à s'élargir au-delà des textes — en transformant en documents images, résultats de l'archéologie, gestes, paysages, etc. Il faudra un jour songer à cerner les trous, les lacunes de la documentation, à construire une histoire des silences. Cette tâche implique une régénération complète des sciences auxiliaires et une exploration de la production historique de la mémoire.

La science historique doit s'approprier en se les adaptant les nouveaux instruments informatiques opérateurs de découvertes et de conquêtes.

L'histoire doit prendre désormais en couple les séries de faits et les séries de représentations. L'histoire est faite autant d'imaginaire que de réalités positives.

L'histoire comparée appelée de ses vœux par Marc Bloch doit se développer dans une perspective d'histoire générale. Pour cela elle doit se désoccidentaliser et créer des structures d'attente pour des histoires latentes ou autres.

L'histoire doit plus que jamais prendre pour objets les hommes et la vie — intégralement mais selon des démarches rationnelles et critiques.

L'histoire récente a lancé la mémoire à l'assaut de l'histoire. Dans le domaine historiographique cela nous a valu les passionnants *Lieux de mémoire* suscités par Pierre Nora. L'histoire devra continuer à se nourrir de la mémoire, pourvoyeuse de vie mais séparer la bonne mémoire, passionnée de vérité de la mauvaise, corrompue par les passions agressives et perverties — nationalistes notamment.

Elle devra essayer de mordre rationnellement sur l'avenir, tâche que lui imposent l'échec de la futurologie et le déchaînement des élucubrations divinatoires anciennes et nouvelles ; pour prolonger prudemment sa maîtrise du temps au-delà du passé et du présent et pour essayer de répondre plus pleinement à la question : « À quoi ça sert l'histoire ? » À répondre rationnellement à l'interrogation : « Qui sommes-nous ? D'où venons-nous ? Où allons-nous ? »

Tâche immense, exaltante. Je reviens à mon commencement. La science historique est dans l'enfance. De grands espoirs lui sont permis. Au travail !

L'anthropologie en question : altérité ou différence ?

par JEAN BAZIN

Puisque nous sommes invités à la mise en doute des savoirs établis (« Y a-t-il encore des sciences humaines ? »), je voudrais que ce nom d'« anthropologie » provoque d'abord une certaine perplexité, voire un léger soupçon.

Après tout, ce que nous faisons, parés de ce titre d'« anthropologues », ce sont des études de cas : nous sommes les spécialistes d'une tribu touareg, d'une vallée kanak, d'un marché de Provence, d'un royaume africain ou d'une cité de banlieue. Cela fait-il de nous des « experts en êtres humains » ? Ou bien faut-il renoncer à prendre le mot à la lettre grecque de sa prétention ? Pour justifier cette appellation, nous invoquons l'existence d'un édifice disciplinaire à plusieurs niveaux censé mener d'un rez-de-chaussée ethnographique à des étages comparatistes de plus en plus synthétiques (l'ethnologie, l'anthropologie sociale). Mais ce n'est là qu'une maquette d'école à usage académique.

Mieux vaut affronter résolument le paradoxe. À partir de notre expérience (ce qui arrive autour de nous et nous arrive à un moment donné quelque part) nous produisons des « descriptions » : si « anthropologie » il y a, ce sont ces descriptions elles-mêmes qui sont anthropologiques ; ou bien alors elles ne le sont pas, elles manquent

Texte de la 96e conférence de l'Université de tous les savoirs donnée le 5 avril 2000.

à l'être, et ce titre est usurpé. Mais si elles le sont, c'est qu'elles visent l'homme, que de quelque manière elles nous le montrent : une certaine *généralisation*, c'est-à-dire la prise en compte du fait qu'il s'agit de l'homme, et donc aussi bien de vous et de moi, y est à l'œuvre, jusque dans notre respect scrupuleux de la singularité de chaque situation.

Il n'y a donc pas, comme on l'entend souvent dire ici ou là, d'une part, en bas, la foule des passionnés du concret, des reporters du vécu, et d'autre part, dans les combles sublimes mais un peu désertés, un dédale rébarbatif de « structures » et de « modèles ». Le problème se poserait plutôt ainsi : comme de ce qui arrive il existe un nombre indéterminé de descriptions (ou de redescriptions) vraies possibles, dans quel cas est-ce l'homme que je décris ? Sous quelle description est-ce de l'humain que je rends compte ? C'est de ce point de vue que l'anthropologie me paraît être aujourd'hui « en question », c'est-à-dire contestée, menacée, mais aussi à l'œuvre.

Un jour d'avril 1969, dans un petit village proche de Ségou (au Mali), on m'a permis d'assister à un sacrifice. C'était le premier temps d'une cérémonie complexe à laquelle procédait encore à l'époque au moins une fois l'an une société cultuelle qu'on appelle *Komo*. Le sacrifice avait lieu tôt le matin un peu à l'écart du village, dans une sorte de bosquet touffu isolé au milieu des champs cultivés. On s'arrêta d'abord sur le seuil de ce lieu : le maître du culte y prononça, ou plutôt y marmonna, une invocation qui fut suivie d'un premier sacrifice à même le sol (du brouet de mil et un bouc). On avait apporté un sac assez crasseux dont on sortit des sortes de choses oblongues recouvertes d'une croûte toute craquelée de sang séché (des *boli* ou « fétiches ») — je n'ose pas dire des « trucs » ou des « machins », ce qui pourtant rendrait mieux compte de leur caractère à proprement parler innommable. Le sacrificateur se mit presque entièrement nu, plaça ces choses dans une vieille calebasse cassée posée par terre, puis se mit à égorger dessus beaucoup de poulets et un chien, s'appliquant à bien les imbiber de sang frais, à les en recrépir patiemment l'une après l'autre. Pendant ce temps, les hommes plus jeunes plumaient les poulets et dépeçaient les viandes dont on ferait ensuite un vaste plat collectif consommé un peu plus tard par tous les adeptes. L'atmosphère n'était pas particulièrement recueillie. Chacun vaquait à sa tâche. Puis on se mit à préparer les instruments nécessaires au moment plus public (mais interdit aux femmes et aux incirconcis) de la cérémonie : la danse nocturne d'un masque (fait de plumes de vautour collées sur des linceuls) dont le porteur, en transe ou jouant la transe, vaticine en déformant sa voix et dans une langue volontairement obscure — délivrant un message saturé de sens multiples proposés à l'interprétation des fidèles.

Ce que je viens d'esquisser est bien une description, l'analyse d'une manière d'agir, et non un récit. Une cérémonie est un enchaînement d'actions (de gestes, de paroles...) qui se conforme à une règle explicite (parfois même écrite) — ce qu'on appelle un rituel, c'est-à-dire un ensemble de prescriptions. Mais chaque cérémonie est aussi un événement singulier. Si la cérémonie était, par exemple, un mariage aujourd'hui en France, je pourrais supposer que vous savez, au moins en gros, comment ça se passe et vous raconter le mariage de mon cousin Paul, en insistant sur divers incidents imprévus qui ont égayé ou troublé le déroulement de la cérémonie, ou bien en mettant en évidence le caractère des personnages rassemblés pour l'occasion. Ce serait une narration, qui pourrait d'ailleurs être une fiction (je pense au film de Robert Altman, *Un mariage*). Inversement, si je dois vous apprendre comment on se marie en France, ou bien dans tel milieu social dont vous n'êtes pas familier, je vais me servir du mariage du cousin Paul comme d'un cas particulier qui exemplifie ce qu'est ce genre de cérémonie. C'est ce que j'ai fait avec ce sacrifice.

En quoi cette description d'une cérémonie est-elle éventuellement anthropologique ? À supposer qu'il s'agisse là d'une scène dont je suis le spectateur, peut-on dire que ce qui s'y donne à voir c'est l'homme ? Au sens où, par exemple, un éthologue qui observe une fourmilière s'instruit du comportement social propre à l'espèce « fourmi ». À l'âge classique, de Montaigne à La Rochefoucauld, on aurait admis que n'importe quel homme — ces gens-là occupés à leur sacrifice aussi bien que moi-même pour peu que je me regarde — donne à voir « l'humaine condition ». Mais nous avons quelque mal à admettre aujourd'hui que la forme humaine générique puisse être ainsi directement lue sur des personnes prises dans une société et engagées dans une histoire, comme elle peut l'être sur un cadavre anonyme. On a longtemps appelé « anthropologie » l'étude anatomique du corps humain : une anthropologie c'était un traité sur l'animal humain. Ce que l'anatomiste, tel par exemple le fameux Docteur Tulp peint par Rembrandt, révèle au regard public de la pointe de son scalpel, c'est bien en effet l'homme. La *leçon d'anatomie* — variante savante de la leçon d'égalité dans la finitude qu'est le *memento mori* — oblitère les propriétés individuelles ou sociales et expose la disposition naturelle des organes. *Ecce homo*. Mais qu'on rende la vie à cette machinerie d'organes étalée sur la table : redevenu Pierre ou Paul, gibier de potence ou bourgeois de Leyde, le « sujet » de la leçon donne-t-il encore à voir l'homme ?

On entre dans l'âge moderne quand on s'aperçoit que « chacun ne fait guère sous le nom pompeux d'étude de l'homme, que celle des hommes de son pays* ». Ces humains que « le philosophe, selon La Bruyère, consume sa vie à observer », ne sont en fait que des exemplaires de la variété européenne de l'humanité : car on a beau avoir exploré toutes les parties du monde, « nous ne connaissons d'hommes que les seuls Européens ». Avant la fin du XVIIIe siècle, l'homme, en tant qu'objet des sciences humaines, n'existait pas, dit Foucault. Mais dès qu'il existe, c'est au pluriel. Plus question donc, pour étudier l'homme, de rester confiné dans sa petite province à noter les travers de ses voisins, voire à sonder son propre moi. « Toute la terre est couverte de nations dont nous ne connaissons que les noms, et nous nous mêlons de juger du genre humain ! », proclame

* J.-J. Rousseau, *Discours sur l'origine de l'inégalité parmi les hommes*, (1755), Œuvres complètes, t. III, Paris, Gallimard, 1964, p. 212.

Rousseau*. Et, comme décidément « la philosophie ne voyage point », le Directoire expédie bravement quelques citoyens-observateurs aux antipodes après que l'éphémère Société des observateurs de l'homme, dans le souci de « perfectionner l'anthropologie », les a préalablement formés non seulement à mesurer des crânes et des forces musculaires, mais à « faire des expériences sur les phénomènes de la pensée** ». Vaste programme dont Lévi-Strauss dit à juste titre qu'il est déjà celui de « l'ethnologie contemporaine*** ». C'est alors en effet que se met en place, sur le modèle de l'anatomie comparée, le projet d'une *observation* itinérante systématique, patiemment cumulative, idéalement exhaustive de ce qu'on appelle les nations humaines, qu'on a appelé ensuite des races, et que nous appelons aujourd'hui des ethnies. En 1788 un obscur professeur de théologie à Lausanne publie une *Anthropologie ou science générale de l'homme* dans laquelle à l'« anthropologie physique » s'ajoute désormais explicitement une « ethnologie**** ».

Une nation est un ensemble de natifs, on dira plus tard d'indigènes, qui partagent des caractéristiques comportementales communes. Ce qu'on pourrait appeler le *paradigme ethnologique* est de considérer que non seulement les us et coutumes varient, ce que chaque voyageur, même pressé, peut aisément constater en passant, mais qu'il y a plusieurs variétés d'hommes. La variabilité culturelle étant une propriété distinctive des populations humaines (alors que les populations animales ne manifestent qu'un même comportement spécifique récurrent), la science naturelle

* *Idem*, p. 213.

** Voir le mémoire de J.M. de Gérando, *Considérations sur les diverses méthodes à suivre dans l'observation des peuples sauvages*, 1799, dans J. Copans et J. Jamin, *Aux origines de l'anthropologie française*, Paris, J.M. Place, 1994.

*** C. Lévi-Strauss, « J.-J. Rousseau, fondateur des sciences de l'homme » (1962), repris dans *Anthropologie structurale deux*, Paris, Plon, 1973, p. 46.

**** M. Duchet, *Anthropologie et Histoire au siècle des Lumières*, Paris, F. Maspero, 1971, p. 12.

doit, dans le cas de l'homme, se prolonger en une science des cultures : « L'ethnologie [...] essaie de faire, dans l'ordre de la culture, la même œuvre de description, d'observation, de classification et d'interprétation, que le zoologiste ou le botaniste fait dans l'ordre de la nature. C'est dans ce sens [...] qu'on peut dire que l'ethnologie est une science naturelle ou qu'elle aspire à se constituer à l'exemple des sciences naturelles*. »

Pour l'anthropologue, ainsi redéfini comme *ethnologue*, il s'agit d'apporter son écot à l'inventaire descriptif et comparatif des peuples du monde, en allant étudier si possible sur place des natifs d'une autre « nation » que la sienne, de manière à pouvoir dire, une fois de retour, quelque chose de ce qu'ils sont : matrilinéaires, cannibales, polygames, scarifiés, craintifs... À l'image de la communauté savante penchée sur le cadavre disséqué de l'homme (comme à celle de Descartes démontant, après celle du corps, la mécanique des passions de l'âme), il faut substituer désormais celle de Malinowski occupé à consigner en ses carnets, sous la tente qu'il a plantée au beau milieu du village d'Omarakana, tout ce qui lui paraît significatif d'une culture. Je pense à une photo de 1916 devenue une sorte d'emblème de la discipline et de sa méthode (« l'observation participante »), alors qu'à vrai dire on y voit plutôt des Trobriandais, sagement assis au pied de la table de travail du maître, en train d'observer cette « leçon d'écriture » qu'est l'opération de leur mise en note par l'ethnographe, de même que le « sujet » d'un peintre assiste au spectacle de sa mise en image.

Me voilà donc, devant la scène où se joue cette cérémonie, un observateur non plus de l'homme, mais d'une manière particulière d'être humain. Ce dont je prends connaissance, à ce titre de modeste ouvrier du vaste programme ethnologique, c'est d'un comportement social propre à une ethnie donnée — en l'occurrence un comportement supposé typiquement *bambara*. Depuis très long-

* C. Lévi-Strauss, dans C. Charbonnier, *Entretiens avec C. Lévi-Strauss*, Paris, Plon/Julliard, 1961, p. 154-155.

temps, dans les cités marchandes et musulmanes de la vallée du Niger et tout au long de leurs réseaux commerciaux, on s'est servi de ce terme pour désigner les paysans païens des régions environnantes ; mais la taxinomie pratique des traitants d'esclaves, puis la science administrative coloniale ont fini par donner force d'évidence à l'existence d'un type humain présumé distinct, le Bambara*. Comme bien sûr les Bambaras, même observés d'un regard de quasi naturaliste, ne sont pas des fourmis, on supposera qu'ils ont des idées, sans doute des idées personnelles, ce dont les ethnologues ne se soucient guère, mais surtout des idées de Bambara, des « représentations collectives ». C'est pourquoi je ne me contente pas de regarder et d'écouter, je demande après coup des explications, je sollicite des commentaires. Je me mets en quête d'une croyance, d'une foi commune, je pars en chasse d'une doctrine ésotérique, voire d'un mythe, dont ce rite serait la mise en acte. Qui plus est, je m'efforce d'établir des corrélations, de tisser un réseau d'associations signifiantes non seulement entre des comportements et des discours, mais entre divers comportements et discours notés en d'autres occasions. Je me dois d'insérer cette cérémonie au sein d'un tableau d'ensemble — ce qu'on va appeler « la culture bambara » — tableau qui, quoique nécessairement présenté sous la forme d'un procès discursif (une série de rubriques ou de chapitres), devra être compris comme un filet tissé serré de correspondances simultanées. Bref je tente d'exprimer la « bambaraïté » des Bambaras, d'énoncer l'essentiel de ce qui fait qu'un Bambara « est » un Bambara. Car où qu'il soit et quoi qu'il veuille, un Bambara reste un Bambara et se conduit en Bambara. En tant que « sujet » du savoir ethnologique, l'« indigène » n'agit pas, il illustre un comportement coutumier caractéristique, il révèle une vision du monde ou témoigne d'une « mentalité » qui lui sont propres et me sont étrangères, il exprime, jusque dans le moindre de ses

* Voir J. Bazin, « À chacun son Bambara », dans J.L. Amselle et E. M'Bokolo, *Au cœur de l'ethnie*, Paris, La Découverte, 1985 (rééd. 1999).

gestes ou de ses mots, ce qu'il est, comme chaque animal dénote les caractères de son espèce.

Pourtant, si la description de cette cérémonie est « anthropologique », dans la mesure donc où il y est question de l'homme ou de l'humain et non du Bambara, elle procède autrement. Il faut d'abord y introduire une prémisse anthropologique. Ce pourrait être en l'occurrence la formule que propose, non sans hésitations, Wittgenstein* : « L'homme est un animal cérémoniel. » Ce n'est pas une définition de l'homme, dit-il, c'est un constat (par lequel on pourrait « commencer un livre d'anthropologie ») : « si on regarde comment les hommes vivent et se conduisent partout sur la terre, on voit que, outre les actions qu'on pourrait appeler animales (se nourrir, etc.), ils exécutent aussi des actions porteuses d'un caractère particulier et qu'on pourrait appeler rituelles ». Une fois cette prémisse posée comme telle, la *scène* dont j'étais spectateur se transforme en une *situation* dont je fais partie : un animal cérémoniel, moi en l'occurrence, y est témoin d'une cérémonie. Je ne sais pas encore au juste ce que ces gens font, leur conduite a de quoi me paraître assez énigmatique, mais je sais qu'ils sacrifient, et j'ai quelque idée d'un sacrifice. Quoique je n'en devienne pas pour autant un des acteurs du rite (sinon dans la mesure où ma présence trouble sans doute le déroulement normal de la cérémonie — mais quand son déroulement est-il jamais « normal » ?), j'y suis bien impliqué en tant qu'homme. La description que je ferai de cette cérémonie sera donc la description d'une cérémonie par un animal cérémoniel. Pour que tel ne soit pas le cas, il faudrait imaginer une description dont l'auteur ne serait pas humain (que se disent les dieux de nos sacrifices ?). Quand un animal cérémoniel décrit une cérémonie, il met « une cérémonie à la place d'une autre », comme on « met un symbole à la place d'un autre** ». Autrement dit, quand

* L. Wittgenstein, *Bemerkungen über Frazers Golden Bough*, trad. fr., *Remarques sur le Rameau d'or de Frazer*, Paris, Éditions l'Âge d'Homme, Paris, 1982, p. 19.
** *Idem*, p. 15.

ma description est anthropologique, je considère la cérémonie, ou tel de ses moments, comme une *variante* d'une autre, qui m'est plus familière, ou de plusieurs autres que je connais déjà.

Que, par exemple, le sacrificateur se dépouille de ses vêtements n'a pas un sens caché à interpréter (retour symbolique à la nature sauvage, dénuement de l'homme devant Dieu...), c'est une manière différente de marquer le caractère cérémoniel de son acte : toute pratique cérémonielle est soulignée comme telle de multiples manières, dans chaque détail de son effectuation. Il est équivalent à cet égard que l'officiant se dénude ou qu'il se recouvre d'une riche chasuble réservée à ce genre de circonstance, comme il est équivalent de ce point de vue que le sacrifice ait lieu à couvert d'une sorte de buisson au milieu des champs cultivés ou dans l'enceinte d'un temple monumental : il y a plusieurs façons de tracer les limites d'un espace et d'un temps sacrés. Qu'il fasse couler le sang des viandes sur ces choses et les en imbibe avec application est une autre manière de réserver la part des dieux avant de consommer entre hommes le repas commun. Ailleurs on brûle les bas morceaux et les os sur un autel, table dressée pour un dieu absent et immatériel qui se régale du seul fumet des viandes, ou on dépose un plat devant le lit sur lequel on a couché l'image du dieu, ici on « nourrit » de sang des choses présentes, manipulables, tenues ordinairement cachées mais momentanément exposées dans un lieu interdit. Inutile de se mettre en quête d'un sens particulièrement bambara, grec ou inca du sacrifice. Comme le note Paul Veyne*, si cette pratique est si répandue à travers les siècles et les sociétés, c'est justement parce qu'elle « est assez équivoque pour que chacun y trouve sa satisfaction particulière ». Son énigme, objet infini d'« explications abyssales », fait tout son succès. Inutile aussi d'imputer à cet homme une croyance et à ces gens une mentalité particulièrement fétichistes —

* P. Veyne, « Inviter les dieux, sacrifier, banqueter. Quelques nuances de la religiosité gréco-romaine », *Annales. Histoire, sciences sociales*, (55e année, n° 1), janvier-février 2000, p. 3-42.

figure de la primitivité depuis le président de Brosses et de l'africanité depuis Hegel : il n'y a pas de religion sans choses, sans figuration matérielle de l'absolu, sans incorporation de l'autorité suprême mystérieuse en vertu de laquelle ce qui arrive arrive et doit arriver : ailleurs le prêtre sort le corps du dieu d'un ciboire d'or, l'exhibe à l'assemblée, le consomme, le donne à consommer...

Ce qu'une telle description montre, dans la mesure où elle est anthropologique, c'est non pas ce que ces humains *sont*, Bambaras, Papous ou Balinais, mais ce qu'ils *font*, la manière dont en la circonstance ils agissent. Le propre d'une action humaine, c'est qu'elle est nécessairement « faite » d'une certaine manière, pas n'importe comment, qu'elle est donc susceptible d'être « expliquée » à qui l'ignore : on peut apprendre à la faire. J'établis l'existence entre ces gens d'un certain accord sur la manière de faire un sacrifice. À cet accord je donne une formulation explicite par des propositions qui ont pour forme : ici et dans ce cas il convient de faire ainsi, c'est-à-dire différemment ce qu'on fait ailleurs ou en d'autres circonstances. Une telle proposition dit « comment » on agit, elle indique une prescription. À un usage effectif, je substitue un symbole (une règle) qui en est la présentation orale ou écrite. La règle n'est pas l'usage, décrire un sacrifice, ce n'est pas en faire un. Mais en transcrivant un « savoir comment » immanent à une pratique en une série de consignes, d'instructions, de modèles, j'apprends comment ici et maintenant on sacrifie *différemment*. Qu'on ait un peu partout des manières différentes de faire « la même chose », un sacrifice, c'est un fait anthropologique.

Si l'anthropologie est bien ainsi « en question », on voit l'enjeu de cette question. Qu'étudions-nous donc ? Des populations ou des actions ? Ce que nous appelons notre « terrain », est-ce une sorte de laboratoire où nous mènerions *in vivo* une enquête sur une certaine variété d'hommes, notant des comportements, enregistrant des énoncés, collectant des objets, comme un naturaliste va ramasser des cailloux ou des plantes au titre d'échantillons d'un milieu naturel considéré ? Ou bien n'est-ce pas plutôt une situation où, me trouvant en compagnie de quelques-uns de mes contemporains, je tente de savoir ce qu'ils peuvent bien être en train de faire, de comprendre comment ils agissent — chaque situation étant le moment d'une histoire en cours dont nous sommes, ces gens et moi, à des titres divers, des acteurs ?

Quand, en observateurs de l'homme, nous nous donnons pour objet un peuple, une ethnie, nous produisons ce genre d'objets qu'on appelle des *cultures*. C'est cette opération qu'à strictement parler il faudrait appeler ethnographie. Ethnographier, c'est inscrire sur un support quelconque (un texte, un film, une salle d'un musée...) une série de traits qui distinguent un peuple d'un autre et qui, pris ensemble (plusieurs caractères liés formant un « type »), sont censés en exprimer le génie propre, l'esprit, l'« éthos ». Les ethnographes n'étudient pas des cultures, ils en écrivent. Sous leur plume savante, une culture est évidemment bien davantage que la petite liste de stéréotypes caricaturaux et dévalorisants qui peut suffire à pratiquer l'identification ethnique pour d'autres besoins. Mais plus ils s'efforcent d'en faire une totalité unique, plus ils en densifient les significations, complexifiant indéfiniment le réseau labyrinthique de leurs correspondances symboliques, plus ils accroissent son « incommensurabilité », plus se creuse l'altérité. De même que plus on spécifie les « mots de la tribu », quitte à les charger de multiples couches de sens que n'implique nullement leur usage quotidien, plus on plonge dans les délices de l'intraductibilité, dans le vertige de l'indicibilité essentielle de l'autre.

Une culture est ce à quoi on reconnaît que l'autre est bien autre. C'est une représentation, plus ou moins élaborée, que « nous » nous donnons de l'altérité des autres. La « science naturelle » d'*Homo culturalis* ne commence que lorsque s'efface le visage familier d'autrui pour qu'apparaisse la face inquiétante, mais fascinante, de l'autre (celui qu'on écrit souvent avec un A majuscule, sans doute pour mieux signifier quel abîme est censé nous en séparer). Être ethniquement bambara, papou ou balinais, avant d'être quelque chose, c'est d'abord n'être pas comme nous, nous les Européens, disait Rousseau, rebaptisés ensuite

Occidentaux pour y inclure nos cousins d'outre-atlantique. La « bambaraïté » est l'une des multiples formes de ce qu'est pour ce « Nous » son autre. L'inventaire ethnographique est par principe ethnocentré : l'observation de l'homme s'y fait de nous aux autres, s'efforçant seulement au respect d'une neutralité axiologique au prix d'une rature sans cesse reprise des désignations dévalorisantes (barbare, sauvage, primitif, paysan, populaire...). Mais l'autre n'est finalement jamais que l'autre que soi : si respecté ou célébré qu'il soit, il reste une image altérée de soi-même.

L'activité ethnographique, la mise en mots, en scène, et en images des différences au titre de signes manifestes d'une altérité essentielle, s'est aujourd'hui démultipliée et universalisée : elle ne se restreint plus au regard de l'Occident sur « ses » autres, les *natives* de sa Frontière ou les indigènes de ses empires coloniaux devenus les immigrants de ses villes. Les cultures sont désormais tout autant ces images que les autres fabriquent et diffusent — et que nous consommons — de leur identité. La terre est désormais uniformément peuplée d'indigènes et le débat public tend à devenir une vaste confrontation de « points de vue indigènes ». Chacun se fait ethnographe de soi-même et tente d'afficher et de faire reconnaître sa différence culturelle comme l'indice, la preuve de son essentielle altérité, si bien qu'il n'y a jamais eu autant de cultures. C'est ce jeu qu'on a baptisé du nom de société multi-culturelle (ou polyethnique).

L'hypothèse ethnologique d'une explication des comportements humains par l'appartenance ethnique concurrence de plus en plus fortement l'hypothèse sociologique d'une détermination des comportements par l'appartenance sociale. Sur le modèle d'une science naturelle imaginaire (les corps ne « suivent » pas la loi de la gravitation, comme nous suivons le code de la route...), on suppose qu'est à l'œuvre derrière les actions un principe actif inconscient et collectif, la culture : ils font ainsi parce qu'ils sont autres et réciproquement nous sommes nous-mêmes parce que nous suivons notre coutume. De même que l'identité personnelle apparaît comme « l'expression » psychologique ou sociale d'une identité « réelle », un code génétique (prolongé d'un système immunitaire) propre à chaque individu, de même les identités collectives se donnent comme autant d'espèces et de sous-espèces du genre humain — la différence spécifique étant engendrée non pas biologiquement, par la modification du programme génétique, mais culturellement, par l'installation et la transmission de « programmes mentaux » distincts. La naturalisation des entités humaines n'est plus solidaire d'une théorie raciale désuète, mais de l'apparente évidence de l'altérité culturelle. Ce paradigme ethnologique, version *soft* de la vieille hypothèse polygéniste, a déjà tellement envahi le discours de nos contemporains qu'il semble relever aujourd'hui des évidences partagées du sens commun, et d'un sens commun désormais mondialisé. À l'histoire politique des rapports de domination et de concurrence on substitue l'espace de coexistence simultanée d'une multiplicité indéfinie d'entités ethniques, c'est-à-dire d'ensembles d'« individus culturellement semblables capables d'engendrer des individus culturellement semblables* ». La pratique de l'élimination génocidaire ou ethnocidaire (selon qu'on supprime les vivants eux-mêmes ou qu'on efface seulement leur « programmation » culturelle) aussi bien que les formes ordinaires de sa dénonciation supposent la même vision commune d'un « parc humain » composé d'un ensemble de variétés dont les nouveaux jardiniers de la planète Terre se donnent désormais pour tâche de préserver la diversité.

Le travail anthropologique — travail critique plus que jamais à l'ordre du jour — n'est pas de promouvoir l'altérité, mais de la réduire. Si étranges, voire parfois absurdes, que nous paraissent d'abord des actions humaines, il doit y avoir un point de vue d'où, une fois mieux connues, elles se révèlent seulement *différentes* des nôtres : c'est en quoi leur description est anthropologique. S'il s'agit d'êtres humains, je dois pouvoir apprendre comment ils agissent

* Définition que j'emprunte à un praticien de « l'ethnothérapie », Tobie Nathan (*L'influence qui guérit*, Paris, Odile Jacob, 1994, p. 183).

— et l'expérience prouve (comme on démontre le mouvement en marchant) que le pari est tenable. Du sacrifice du *Komo* dont je suis témoin ce jour-là près de Ségou à la messe de rite catholique qui nous est à tous plus ou moins familière la série des médiations nécessaires peut paraître longue, mais elle n'est pas infinie. Le nombre des transformations nécessaires rend l'apprentissage plus ou moins difficile, mais pas impossible. Si tel était le cas, il y aurait quelque raison de se demander si ce sont vraiment là des actions (on ne comprend pas une réaction chimique ou une éclipse, on l'explique par sa cause), ou si ces gens sont vraiment des humains.

La difficulté vient de ce que chaque action humaine s'exécute sur la base d'une multitude de considérants et de réquisits qui n'ont pas normalement à être dits, sans pour autant qu'on puisse les réputer ni indicibles ni inconscients, et qui ne forment pas système pour autant qu'aucune pensée ne les pense. La somme de tout ce sur quoi les acteurs s'accordent sans en avoir généralement débattu ni décidé et qu'ils n'ont nul besoin d'expliciter tant qu'ils sont entre eux puisque cela va de soi a la forme d'un « monde » : on vit « dedans » sans le poser comme tel, on « fonctionne par prétérition* ». D'où l'opacité inhérente aux actions humaines quelles qu'elles soient, à commencer par celles qui nous sont le plus familières, les nôtres — c'est pourquoi l'opposition d'une « anthropologie du proche » et d'une « anthropologie du lointain » est épistémologiquement sans fondement. Pour pouvoir décrire la moindre action, il faut donc apprendre tout un monde, c'est-à-dire établir patiemment des différences entre des mondes, entre des configurations du faisable et du non faisable pour des situations sociales et historiques données. Mais tout monde est une variante d'une série de mondes qui inclut nécessairement le mien. Et nous les humains, nous avons la capacité, sachant agir dans un monde, d'agir (plus ou moins bien)

* F. Héritier, *Masculin/Féminin. La pensée de la différence*, Paris, Odile Jacob, 1996, p. 10.

dans des mondes multiples. La plupart des situations exigent des acteurs cette habileté : certains en souffrent, mais d'autres y sont experts. L'expérience anthropologique consiste à se déplacer, pas forcément très loin et parfois seulement en pensée ou par simple déviation du regard, mais suffisamment pour faire concrètement l'épreuve et entreprendre l'apprentissage d'un monde non familier. C'est dans la mesure où ce qui va de soi pour ces gens quand ils agissent ne va pas de soi pour moi qui les regarde agir, que je me trouve en position de devoir apprendre comment ils agissent. C'est l'expérience d'une situation où non seulement coexistent, mais se conjuguent, dans un rapport de contemporanéité et d'imbrication, plusieurs mondes différents, dont le mien.

Nous sommes bien en fin de compte capables de comprendre l'action d'autrui. Pour autant que « comprendre » n'est pas révéler par une herméneutique du dit et du non-dit ni deviner par empathie le sens caché (mental, interne) et en définitive inatteignable ou indécidable d'un comportement observé — quête d'un savoir indéfiniment insatisfaite qui ne laisse d'autre recours qu'une impossible mutation d'identité et vient alimenter un « culte de la singularité* ». Comprendre une action c'est bien plutôt l'avoir décrite d'une manière telle qu'elle nous apparaisse comme l'une des manières possibles de faire selon d'autres règles ou dans d'autres conditions ce que nous-mêmes nous faisons. Découper, après sa mort, les dernières partitions de Schubert en petits morceaux et les distribuer à ses élèves préférés est une marque de piété qui nous est *aussi* compréhensible, note Wittgenstein**, même si nous aurions plutôt choisi de les conserver intactes et à l'abri de tous. Cette compréhension s'obtient par un travail de généralisation, c'est-à-dire de transformation de l'altérité et de son étrangeté apparente en différence connue, c'est-à-dire maîtrisable.

---

* *Idem*, p. 34.
** *Op. cit.*, p. 17-18.

Qu'est-ce que l'histoire culturelle ?

par Pascal Ory

Un spectre hante l'historiographie contemporaine. Il ne se passe plus guère de semaine sans que ne paraisse en langue française un ouvrage se réclamant, explicitement ou implicitement, de l'histoire culturelle. Nous vivons en un temps où quand un livre paraît sur la guerre de 1914-1918, il se présente — et à juste titre — comme *essai d'histoire culturelle* (Stéphane Audoin-Rouzeau), où, deux générations après *Les Origines intellectuelles de la Révolution française* de Daniel Mornet, Roger Chartier en étudie *Les Origines culturelles*. L'image du succès est amplifiée par la vogue, en pays anglophone, des *cultural studies*. On verra plus loin que la perspective de ces dernières ne saurait être confondue avec celle qui s'exprime ici. Il n'en reste pas moins que la réalité du succès est indéniable.

Ce serait en soi un exercice culturaliste intéressant que de s'attarder à l'interprétation du phénomène lui-même. L'hypothèse de la substitution, insensible mais de longue main, du culturel au cultuel peut bien passer désormais pour un lieu commun, rien ne prouve qu'on ne tienne quand même pas là l'une des plus efficaces clés de ladite interprétation. Au reste, peu importe : c'est aussi une démarche culturaliste que de ne pas subordonner l'analyse à l'interprétation.

Texte de la 111e conférence de l'Université de tous les savoirs donnée le 20 avril 2000.

En revanche, il importe à l'auteur de ces lignes, qui s'est défini il y a plus d'un quart de siècle comme œuvrant dans ce champ, à une époque où le terme était des plus rares et des moins assurés (Maurice Crubellier), de répondre ici, à l'apogée apparent du phénomène, aux deux critiques qui lui sont communément adressées : celle du simple effet de mode et celle du flou conceptuel.

La délégitimation par l'argument de la mode intellectuelle n'a, sur le fond, rien de solide, puisque, précisément, le regard culturaliste accorde la plus grande importance aux dites modes, qui ne sont jamais, pour lui, que le nom péjoratif de l'hégémonie. Mais il est tout aussi loisible d'argumenter sur ce point en prenant en considération la production historienne actuelle, qui nous permet de disposer désormais des premiers instruments de synthèse, depuis le manuel universitaire (Goetschel/Loyer) jusqu'au recueil d'essais épistémologiques (Rioux/Sirinelli), aussi bien que la transmission de toute une généalogie d'auteurs faisant de l'histoire culturelle comme Monsieur Jourdain de la prose, de Voltaire à Lucien Febvre en passant par Michelet. Mais le test le plus impressionnant se mesure en France à la bibliographie, étonnamment parallèle, de certains maîtres de la recherche historique, tels le médiéviste Georges Duby, le moderniste Emmanuel Le Roy Ladurie, le dix-neuvièmiste Alain Corbin. Quant à l'accusation du flou conceptuel, c'est tout ce qui va suivre qui essaiera d'en être la réfutation.

Définitions

Posons, d'emblée, la définition dont tout le reste découle, celle, souvent diluée ou différée, de la « culture ». Au contraire de beaucoup de bons esprits ou de bons apôtres, on pense qu'il est tout à fait possible de donner des contours précis à ce substantif intimidant. Contours précis ne signifie pas nécessairement contours restreints, puisqu'on propose de regrouper dans cette notion l'« ensemble des représentations collectives propres à une société ». Chacun de ces mots mériterait d'être glosé, à commencer par le premier, mais on aura déjà compris que le concept essentiel est celui de « représentation », y compris dans ce qu'il implique d'un rapport, éventuellement dialectique, entre un donné sensuel et sa diffraction. Le terme, presque trivial, de « forme d'expression » rendrait en fait assez bien compte de ce qui se joue ici, sans qu'il soit, au reste, aucunement besoin de postuler qu'il « s'exprime » quoi que ce soit : le contenu supposé peut être totalement absorbé par la forme, cette sorte de présence de la représentation qui, à la limite, se suffit à elle-même.

À cette lumière, l'histoire culturelle apparaît comme une modalité d'histoire sociale, comme l'« histoire sociale des représentations ». On tient là tout ce qui va la distinguer des histoires qualitatives. Ces histoires « des arts, des sciences » ou « des idées » ont longtemps seules occupé le champ défini à l'époque comme dévolu à la culture, alors que, sous sa forme originelle, leur détermination intellectuelle est à l'opposé de la démarche culturaliste. Les voici en effet fondées sur le jugement de valeur — le Beau pour l'histoire des Arts, le Vrai pour l'histoire des Sciences, le Bien pour l'histoire des Idées — et attachées à la recherche prioritaire de la singularité. Sans doute s'agit-il là de l'état ancien de ces disciplines, mais, à ce stade, peu importe. Outre que la propension monographique, conduisant à faire de ces histoires une longue théorie d'individualités créatrices, est loin d'avoir disparu de ces parages, la place croissante accordée aux « seuils » (Gérard Genette) par rapport à la maison proprement dite est surtout la preuve que l'une des bonnes façons de faire de l'histoire culturelle c'est de faire de l'histoire des arts comme Gérard Monnier, de l'histoire des sciences comme Dominique Pestre, de l'histoire des idées comme Régis Debray.

Ce double attachement aux dimensions à la fois collective et environnementale des phénomènes justifie, en tous les cas, à son tour un triple primat conféré au mesurable, au médiatique et, cela va de soi, au social ou, plus exactement, au sociable. Ainsi le mesurable ne sera-t-il pas synonyme de quantifiable, pour au moins deux bons motifs :

— Que tout, en matière culturelle, n'est pas quantifié.

— Qu'au reste tout n'y est point, nécessairement, quantifiable.

Ce n'est, en revanche, pas une raison pour faire sortir du cadre la question des proportions, sans laquelle la prise en compte des hégémonies, des rapports de force serait impossible. Il est plus évident encore que l'histoire culturelle privilégiera la médiation, c'est-à-dire qu'elle sera une histoire de la circulation, de la mise en relation des objets représentatifs, tout comme elle privilégiera les configurations du groupe sur l'essence supposée de telle ou telle activité sociale. Reste que sur ce dernier point il aura fallu attendre le dernier quart du XXe siècle pour voir apparaître une histoire non plus de la physique mais des physiciens, non plus de la presse mais des journalistes, non plus de la bande dessinée mais de ses censeurs.

La brutalité du propos nécessite qu'on réponde, à ce point de l'argumentation, à trois types d'objections, venues en droite ligne des histoires qualitatives. La première objection portera sur le caractère en dernière analyse personnel, à défaut d'être à proprement parler individuel, de la représentation, assortie du soupçon d'un mauvais parti fait au sujet. Il serait simple d'y répondre, de manière un tantinet polémique, en rappelant qu'on se heurte là aux limites de toute science, intrinsèquement généralisatrice, mais il suffira sans doute de rappeler que tout est affaire d'accentuation, et que l'accent est mis ici sur l'adaptation, la modulation. Au reste, il est facile de retourner la proposition, et de mettre en avant le poids sur chaque individu des déterminismes et des modélisations.

L'objection du rôle joué par l'irréductible n'est guère plus recevable. L'avantage accordé à la représentation-reflet n'exclut aucunement l'intérêt en creux de la représentation-rupture, porteuse ici d'exceptionnel, là de décalé. Pierre d'achoppement, le scandale n'a pas, aux yeux du culturaliste, le caractère crucial, pour ne pas dire sacré, qu'il a occupé dans la vieille histoire, celle des anecdoticiens et des surréalistes réunis. De ce que Fromental Halévy est plus immédiatement utile que Lautréamont à la compréhension de son temps on n'en infère pas que l'« Olympia » de Manet ne nous dit pas aussi beaucoup, preuve par l'absurde, sur ses valeurs dominantes.

On accordera plus de crédit à l'objection de l'autonomie de « la vie des formes » (Henri Focillon). On touche en effet ici au fonctionnement le plus intime du système de la représentation, au travers des traditions formelles qu'il met en jeu. La peinture d'histoire aussi bien que le cinéma hollywoodien classique avaient leurs règles, écrites ou non écrites, que la production courante ne violera jamais ; autant le savoir d'emblée. S'il maîtrisait mieux la connaissance des styles, des rhétoriques propres au système de représentations étudié, entre poncifs et règles des « genres », l'historien du culturel s'interdirait bien des déboires.

Corpus

De tout ce qui précède découle, me semble-t-il, sinon une nature, du moins un statut du document particulier au questionnement culturaliste et qui se construit, dans une large mesure, *a contrario* du statut classique. On pourrait le résumer en deux formules lapidaires : « tout est source » et « tout est public ».

La première proposition ne signifie nullement que la collecte n'a aucune borne. Elle vaut surtout comme récusation de la primauté traditionnelle de l'archive publique et du document écrit, alors que le circuit représentatif privilégie les documents destinés à la diffusion, périodique ou non, et s'appuie pour le moins tout autant sur l'image que sur le verbe. Et c'est, de la même façon, contre le culte du document retenu que s'éclaire la publicité postulée du document culturel qui, à de rares exceptions près, fait l'objet d'un affichage dans l'espace public. Cela ne veut pas dire que la mise à jour des tenants occultes d'une production dont l'aboutissant est un bien symbolique soit sans intérêt :

connaître les fondements financiers ou politiques cachés de telle ou telle opération culturelle permet assurément d'en estimer l'intentionnalité ; reste qu'il y aura toujours une certaine naïveté à croire que la vérité d'un objet est dans son secret. Laissons de côté la vérité — elle a fait assez de mal en histoire — ; contentons-nous de son identité : elle est toute dans l'extériorité.

Concédons cependant qu'on ne cerne pas encore la caractéristique la plus remarquable du document culturel. Celle-ci gît principalement dans le privilège que ce type de regard accorde ici au majoritaire, là au massif. D'où l'intérêt qu'il porte aux objets de grande diffusion, étant entendu que leur caractère culturel peut être selon les cas explicite ou implicite. Sur ce dernier point ce sera toute la différence qui séparera la carte postale du timbre-poste qui l'affranchit : la fonctionnalité de la première est faible, celle du second forte ; l'important, c'est que l'un et l'autre sont des documents dont la charge culturelle est considérable, contrairement à ce qu'a longtemps postulé l'historiographie classique.

On aurait cependant tort de rabattre les critères de sélection du corpus culturel sur cette seule dimension quantitative. La préoccupation la plus lourde sera celle de la représentativité du document ou du champ, qui conduit le culturaliste à se porter en priorité vers les arts et les genres dits populaires, vers la culture dite de masse, vers les vulgates intellectuelles. Prenons, à titre d'exemple, le mode d'approche monographique : on voit qu'il s'agira ici d'accorder enfin un peu de crédit à tous ces auteurs, œuvres ou médiateurs à succès qui s'appellent Marcel Pagnol, le *Cyrano de Bergerac* d'Edmond Rostand ou Maurice Chevalier. J'éprouverai toujours un certain plaisir à rappeler qu'une culture va de Goya à Chantal Goya, le jugement de valeur personnel du chercheur n'ayant évidemment et par ailleurs rien à voir en la matière.

En bonne règle scientifique, tout, en fait, sera dans la méthode d'analyse desdits documents, et dans les trois précautions que le choix épistémologique initial rend nécessaires.

La première est liée presque mécaniquement au choix du collectif. Elle met en valeur les indicateurs culturels comme sinon preuves décisives du moins piliers d'une démonstration : chiffres de tirages ou de ventes, cotes d'œuvres d'art, surfaces occupées dans un média, effectifs d'une association, enquêtes et sondages, etc. À cet égard le petit scandale qu'avait suscité en son temps la sociologie religieuse de Gabriel Le Bras renaît aujourd'hui périodiquement. Notons, au passage, qu'en raison de l'existence en ce pays d'une administration culturelle ancienne et ambitieuse, la France met à la disposition du chercheur un arsenal sophistiqué de statistiques culturelles, qui a servi de modèle à l'étranger et peut aussi, dans certains cas, assez limités, inspirer la reconstitution d'un arsenal ancien. Notons aussi qu'à défaut d'atteindre une continuité sérielle, la démarche culturaliste participera plutôt d'une logique de l'échantillonnage, contre les histoires, plus traditionnelles, de l'écrémage.

La prudence tiendra aussi au choix de l'environnemental. Elle sera tout entière dans la mise en situation du document ; le lieu « d'où » on parle antécède voire prédomine sur ce qui est dit, de même qu'il importera, en bonne sémiologie, de constamment distinguer plusieurs niveaux de lecture, depuis la mise à plat du signifiant jusqu'aux multiples formes de l'interprétation, contemporaine ou rétrospective.

Une dernière précaution rappellera en permanence, à rebours d'une conception héroïque de la culture où tout est dans l'émergence et l'innovation, qu'inventer (dont il faut retrouver l'étymologie de la « trouvaille ») n'est rien en soi et tout dans les autres. Une part non négligeable de l'énergie des chercheurs peut alors se porter sur l'étude de la diffusion, dans le temps comme dans l'espace — on commence, par exemple, à peine à s'intéresser à l'histoire de la vulgarisation scientifique. Outre l'élargissement du champ de la curiosité — qui inclut dès lors tout autant les échecs ou les impasses que les coups de génie, les rayons N de 1900 que les rayons X —, on apprendra ainsi à tenir compte des décalages spatio-temporels entre le stade de l'élaboration

— découverte, scientifique, et invention, technique —, celui de la « publication » proprement dite, enfin celui de la popularisation. Bien entendu, l'innovation en question ne doit pas être entendue dans un sens étroitement technique — même si, par exemple, l'histoire du passage de la *TSF* à la « radio » en administre une démonstration remarquable — : il peut s'agir ici tout autant d'un nouveau système de formes esthétiques ou intellectuelles, de l'abstraction en peinture, par exemple, mais aussi du yoga ou de la nouvelle cuisine.

Champ

À la lumière de ce qui précède, on voit sans doute mieux l'étendue, en même temps que les limites, du champ ouvert. On se contentera d'en donner ici la figure générale, l'histoire étant à notre sens, à l'instar de la guerre vue par Napoléon, « un art simple et tout d'exécution ». Il est tout à fait possible de réunir les approches de l'histoire culturelle autour de trois types, et trois seulement. Bien entendu, ces trois approches peuvent se recouper et se combiner. Il n'en reste pas moins que les modes de l'approche doivent être séparés, chacun des trois générant un mode de recherche spécifique. Je propose donc de distinguer une approche factorielle, une approche pratique et une approche formelle.

La première mettra en avant le poids d'un triple déterminisme sur ce qui apparaît alors, plus que jamais, comme un système d'un genre spécifique, le système culturel : facteurs techniques, s'originant eux-mêmes dans un substrat scientifique, facteurs économiques et sociaux, facteurs politiques enfin. La culture, « c'est d'abord une affaire de technique », effets induits comme dans le cas de la « fée électricité » — a-t-elle, par exemple, au théâtre, inventé le metteur en scène au sens moderne du terme ? —, effets directs, surtout, qu'il s'agisse de matériau (matières plastiques, ...), de dispositifs de production (facture instrumentale, ...) ou, bien entendu, de diffusion, qu'on assimile ou non les deux derniers siècles à l'ère de la « communication ». L'analyse des facteurs économiques et sociaux mettra, elle, en avant un certain état de la conjoncture économique, sur un axe prospérité/crise, et de la politique économique, sur un axe marché/intervention, en le croisant avec la prise en considération, plus délicate, des rapports de force entre cultures ici « dominantes » et « dominées », là savantes et vernaculaires, là enfin ascendantes et déclinantes. Bien entendu, c'est ici que se situera l'analyse du rôle joué par les stratégies de rétribution matérielle ou symbolique des commanditaires (Francis Haskell), producteurs (Jean-Yves Mollier) et autres mécènes (Krzysztof Pomian), comme des intellectuels, qu'on étudiera toujours mieux, au reste, sous l'angle, d'emblée collectif, des intelligentsias.

Les facteurs politiques intégreront de même la nature et les méthodes du régime établi — sur ce dernier point l'étude, tentante, des censures devra toujours être pondérée par celle du versant, « positif », des propagandes —, pour ensuite entreprendre la mise à plat des politiques culturelles et, en symétrie, de l'engagement des professions culturelles : c'est ici l'autre angle d'approche des intellectuels, qu'on a défini ailleurs comme des producteurs de culturel mis en situation de producteurs d'idéologie.

Tout ce qui précède n'exclut évidemment pas l'existence d'une interaction proprement culturelle (Erwin Panofsky) ni la possibilité d'objets combinant par nature les trois modes, telle la génération, qui fonctionne autour d'événements cristallisateurs, de valeurs partagées et de figures fonctionnelles types, allant du maître au disciple.

On attend cependant plus communément l'historien du culturel sur le terrain des pratiques, à condition, là aussi, de sérier celles qui, d'une part, seraient structurées par la société culturelle de celles qui le seraient par ce que j'appellerais la sensibilité culturelle, rattachables respectivement à la sphère du public et à celle du privé.

Les premières sont à replacer dans un circuit de la représentation dont la dynamique sociale correspond à la trifonctionnalité classique de la production, de la médiation et de la réception. À condition de ne pas réduire la production aux seuls créateurs artistiques mais d'y faire toute leur place aux interprètes artistiques et aux créateurs intellectuels, à condition de ne pas limiter la médiation à l'éducation et à l'information mais d'y ajouter la diffusion culturelle — lecture publique, musées, etc. —, à condition, enfin, de rappeler, après Roger Chartier, que la réception n'est pas un stade passif mais le lieu et le lien d'un usage, donc d'une recréation. Et ainsi de suite.

La sensibilité culturelle interrogera, elle, les pratiques de la « culture vécue », distinguées, pour la facilité de la démonstration, de celles de la « culture régie ». En d'autres termes, on sera ici au cœur du travail de représentation à l'œuvre dans le quotidien. Ce travail est perceptible — donc étudiable — au travers de trois grands modes d'appropriation humaine de l'environnement : les usages sociaux du corps, ceux de l'espace domestique et les activités ludiques. Les premiers s'étendent des supposées profondeurs des comportements démographiques, culturalisés depuis, pour le moins, Philippe Ariès, jusqu'à ce qu'Erving Goffman a dénommé jadis « mise en scène de la vie quotidienne », en passant par les soins du corps tels que les envisage un Georges Vigarello, l'alimentation ou encore le vêtement tels que l'ont analysé un Jean-Louis Flandrin ou un Daniel Roche. On dispose de moins d'études historiques ambitieuses sur l'espace domestique, qui va de l'habitat aux fameux « arts ménagers » chers à l'entre-deux-guerres, même si la littérature technique, sociologique et anthropologique y a poussé des reconnaissances éclairantes et éclaireuses, mais l'on retrouve l'historien déjà assez présent sur le terrain des activités ludiques, qu'il s'agisse des jeux, des sports (Pierre Arnaud, Christian Pociello), du tourisme (Catherine Bertho-Lavenir) ou de la fascinante « fête », explorée à la lumière du travail pionnier de Mona Ozouf.

Ici aussi il va sans dire — donc disons-le — qu'il y a nécessairement interaction entre société et sensibilité culturelles, sous la forme, par exemple, de l'incessant travail de codification des pratiques sensibles par la culture savante, qui semble faite tout exprès pour cet office.

On pourrait s'arrêter là et ne pas oser avouer qu'on fait de l'histoire culturelle pour parvenir un jour, après l'hydrographie des structures, à l'océanographie des imaginaires sociaux. Assumons l'ambition, puisqu'elle est la clé de voûte de l'ensemble de ce dispositif. Même si l'exploration est encore à peine ébauchée ou, plutôt, bricolée, il est bien certain que l'objectif final est l'analyse de ces imaginaires, par leur imagerie d'abord, par les systèmes qui prétendent leur donner sens, ensuite. En abordant les sensibilités olfactives puis sonores, Alain Corbin a ouvert la voie aux essais à venir de reconstitution et d'interprétation de l'imagerie physique (« nature », sens, corps, âges de la vie,...). Plus nombreuses sont déjà les tentatives, généralement réussies (*Les Lieux de mémoire*, sous la direction de Pierre Nora), touchant à l'imagerie ethnique (image de soi, image de l'autre). On pointe ici, au passage, le développement récent de recherches sur la troisième imagerie, l'imagerie éthique, où on doit mettre, parmi d'autres (Antoine de Baecque), les premières enquêtes d'un Dominique Kalifa, d'une Anne-Claude Ambroise-Rendu sur le « fait divers », non pas événement social mais fait de discours, outil de pénétration aigu dans le vif d'une fantasmagorie collective.

Il est, pour finir, à la fois plus aisé de se retrouver dans le domaine de l'approche par les systèmes, si l'on veut bien se donner la peine d'y séparer deux types de reconstruction mentale, parfois confondus : la mythologie, qui est de l'ordre de l'émotion et dont la structuration est faiblement voire aucunement explicite, et l'idéologie, qui est de l'ordre du concept et se présente comme explicitement structurée. Derrière ces deux catégories intimidantes, il est facile de poser des recherches pionnières en leur temps, celles, ici, d'un Jean Delumeau, partant il y a plus de trente ans dans l'entreprise, à l'époque ébouriffante, d'une *Histoire de la peur*, celles, là, d'un Norbert Elias ou d'un Francis Haskell posant en leur temps, avec un vocabulaire en partie obsolète, qui l'histoire de l'idéologie esthétique (« goût »), qui celle de l'idéologie éthique, où le savoir-vivre de la *civilisation des mœurs* rejoint aussi bien la casuistique que la publicité ; de cette dernière on n'a peut-être pas assez saisi à quel point elle joue en effet son va-tout moins sur l'esthétique, qu'elle instrumentalise, que sur l'éthique, dont elle s'acharne, généralement avec succès, à suivre, voire à anticiper, les évolutions.

Bien entendu, toutes ces recherches peuvent s'opérer sous forme dialectique, par l'entremise de l'étude des relations entre systèmes, qu'il s'agisse de relations temporelles (histoire de la mémoire, des modes, des *nostalgias* de toute sorte, dans la continuité du grand Aloïs Riegl) ou de relations spatiales, et l'on plaide ici pour la systématisation d'une histoire des acculturations en terre contemporaine, entre cultures dominantes et dominées, autochtones et immigrées. Les histoires de l'orientalisme, de l'anglophilie ou de l'américanisation sont à l'agenda de cette enquête, étant bien entendu qu'au contraire des *cultural studies* de la mauvaise conscience américaine, il n'est pas question ici d'accorder un primat moral quelconque à la recherche sur le dominé, au seul motif qu'il l'a été.

La flèche de Zénon

Arrivé à ce point, j'ai bien conscience que les voix, selon les cas dubitatives, sceptiques ou ironiques, mentionnées en commençant pourraient hausser le ton et reprendre en chœur la dernière grande critique délégitimante : « nous vous concédons que votre propos n'est pas aussi flou qu'il nous paraissait au départ, mais reconnaissez qu'à l'arrivée le n'importe quoi a fait place au presque tout ». À cette accusation de panculturalisme, voire d'impérialisme, il est possible d'apporter tout à la fois une élémentaire réponse interne, préjudicielle, mais aussi, et surtout, une série de petites réponses externes, de nature plus proprement académique.

La première pourrait se résumer en une formule simple : tout dans l'objet étudié n'est pas culturel, dans l'exacte mesure où rien n'y échappe complètement. Une discipline scientifique n'est jamais qu'un certain regard, porté sur un univers postulé non pas comme neutre — regard de l'absolu — mais comme ambigu — regard du relatif. Le stylo ou l'ordinateur que je manipule en cet instant est en soi un objet économique, résultat d'un certain processus de production, mais l'étude de marché qui a précédé, tout comme la stratégie commerciale qui a défini son esthétique ou sa publicité, ressortisse à une analyse culturelle.

La réponse externe sera nécessairement plus complexe, en ce qu'elle visera à préciser les places respectives des autres regards, disciplines voisines aussi bien que « spécialisations » historiques. Et c'est là qu'on doit avoir le courage d'affirmer qu'au sein de l'activité historienne il n'existe que trois types de lecture : l'économique, primordiale en ce qu'elle considère l'humanité sous l'angle de sa survie, la politique, qui la considère sous celui de son gouvernement, et la culturelle, qui la considère sous celui de ses représentations. Les autres histoires, quand elles ne font pas partie de l'histoire culturelle, comme l'histoire intellectuelle ou l'histoire religieuse, peuvent être définies comme des perspectives transversales. Ainsi l'histoire des relations internationales a-t-elle été longtemps synonyme d'histoire des relations politiques internationales, au détriment, voire dans l'ignorance des relations économiques et des relations culturelles, qui ont petit à petit acquis droit de cité. Il en est de même de l'histoire sociale en son sens classique — si j'ose dire —, qui est enfin sortie du face-à-face travail/militantisme, traduction locale du face-à-face économique/politique, pour intégrer la dimension anthropologique : étudier une ville de banlieue n'est plus aujourd'hui seulement mettre en ordre des stratégies d'entreprises, de partis et de pouvoirs publics, il s'agit désormais d'intégrer à l'analyse le fonctionnement des structures familiales ou communautaires, l'usage du symbolique, la fonction de l'imaginaire, etc.

À ce compte, dira-t-on encore, quelle place reste-t-il à la spécificité historienne ? N'est-on pas autorisé à conclure que l'histoire culturelle ne serait rien d'autre qu'une sociologie culturelle rétrospective, une ethnologie des sociétés disparues ? Ce serait faire peu de cas des différences de méthode, et d'abord d'enquête, propres à chaque science. Toujours menacé d'être rejeté à la marge de la scientificité par le radicalisme épistémologique affiché par les autres sciences de la société, jusque et y compris les psychologies sociales et autres socio-lexicologies, l'historien du culturel peut, au contraire, prétendre à une position stratégique par la double puissance tribunicienne que lui confèrent les deux qualités intrinsèques des objets historiques, leur pluralisme et leur diachronicité, comme deux rappels à l'ordre d'un certain désordre établi. Le pluralisme se déduit de la reconnaissance de la polysémie desdits objets et du constat des contradictions internes, voire intimes, des sujets, à rebours des conceptions réductrices du tout-social ou du tout-psychologique. Individuel ou collectif, l'humain est susceptible d'une infinité d'interprétations croisées et, en particulier, tout à fait capable d'être traversé dans le même temps par des aspirations différentes voire opposées — le lieu de ce croisement de plans ne serait peut-être pas une si mauvaise définition du culturel. La perspective diachronique oblige, quant à elle, à prendre en considération la conjoncture, qu'elle soit spatiale ou temporelle, aire ou ère.

Bref, ce n'est pas l'un des moindre paradoxes de cette discipline que de se voir parfois reprocher son relativisme absolu alors qu'à l'instar de l'enfant du « Roi nu », elle est surtout là pour nous rappeler que la flèche de Zénon d'Élée finit toujours à arriver sinon à son but — nous serions des dieux — du moins — puisque nous ne sommes que des hommes — quelque part.

Le passé est-il devant nous : aux origines de l'archéologie ?

par Alain Schnapp

Nous avons la certitude que le passé est une part de nous-mêmes, une composante si intime et si forte de notre mémoire personnelle et collective qu'une société ou un individu privés de mémoire seraient comme mutilés. Et pourtant nous acceptons cette évidence que la mémoire doit faire une part à l'oubli, car à se charger de trop de souvenirs elle pourrait nous empêcher de vivre. L'archéologue qui se bat pour conserver quelques traces, souvent infimes d'un monument menacé, l'ethnologue qui recueille les survivances d'un rituel, le linguiste qui s'acharne à trouver les derniers locuteurs d'une langue en voie de disparition en savent tous quelque chose ; ils ont éprouvé à des degrés divers le difficile équilibre que chacun d'entre nous recherche entre souvenir et oubli.

Le devoir de mémoire est à l'origine de la fondation de nos savoirs modernes. Il a conduit à l'invention de l'histoire et à la pratique de ce que nous appelons l'archéologie, l'étude des vestiges matériels du passé. Donc pas d'hommes anciens sans les hommes du présent, les hommes modernes dont nous croyons sans trop savoir pourquoi, qu'ils sont nos contemporains. Quand nous découvrons que pour certains peuples, les Assyro-babyloniens par exemple, le passé

Texte de la 112e conférence de l'Université de tous les savoirs donnée le 21 avril 2000.

signifie ce qui est devant nous et le futur, par conséquent, ce qui est derrière nous, cela nous surprend et nous inquiète. Tout se passe comme si nous avions oublié cette remarque de Francis Bacon à l'aube du XVIIe siècle :

« L'opinion que les hommes se font de l'Antiquité est parfaitement impropre et guère adaptée au mot lui-même. Le grand âge et la longévité du monde ne doivent être tenus pour vraie antiquité qu'autant qu'on les attribue à notre époque, et non à cet âge juvénile du monde qui fut celui des Anciens. Cet âge-là, par rapport au nôtre, fut ancien et plus vieux, mais par rapport au monde lui-même, il fut plus ancien et plus jeune. »

Les hommes d'aujourd'hui (ceux du XVIIe siècle pour Bacon) sont par définition plus vieux que les hommes des origines, il est donc inutile de considérer que l'autorité procède de l'Antiquité. Ce sont nos contemporains, héritiers de tous les hommes qui les ont précédés, qui disposent de plus de savoir et d'expérience ; Pascal reprendra la même idée :

« Ceux que nous appelons anciens étaient véritablement nouveaux en toutes choses, et formaient l'ensemble des hommes proprement ; et comme nous avons joint à leur connaissance l'expérience des siècles qui les ont suivis, c'est en nous que nous pouvons trouver cette antiquité que nous révérons dans les autres. »

La mémoire est donc nécessaire à l'humanité et quand nous pensons aux hommes des origines comme à des Anciens, nous ne commettons pas seulement une erreur de perspective, nous oublions qu'eux aussi durent assumer un devoir de mémoire. Si les moyens de remémoration des hommes de la plus lointaine préhistoire nous sont inaccessibles, avec l'invention de l'écriture en Égypte, en Mésopotamie et en Chine, apparaît sous des formes diverses une curiosité pour le passé, une volonté d'établir un lien entre passé et présent qui ne laissent aucun doute : l'Antiquité n'est pas une invention moderne, elle était aussi nécessaire aux souverains des grands empires et à leurs scribes qu'à nous-mêmes.

Les antiquaires de l'Antiquité

L'un des documents les plus anciens dont nous disposions pour nous faire une idée du rapport au passé des hommes de l'Orient ancien est une statue du musée du Caire dont le socle est recouvert d'une inscription hiéroglyphique qui nous apprend que le fils de Ramsès II (1290-1224 av. J.-C.), le prince-prêtre Khaemois, a découvert, dans le domaine cultuel de Memphis dont il avait la charge, la statue d'un de ses lointains prédécesseurs, le prince Kaouab, fils du pharaon Khéops (vers 2600 av. J.-C.). Khaemois s'honore de cette découverte en inscrivant sur la statue un message destiné à la postérité comme un gage de mémoire et de piété. Car le respect des rites et des hommes du passé est une des conditions de la stabilité de l'empire et de la solidité de ses institutions. Le souvenir est pour les souverains orientaux un instrument politique et religieux que les scribes à leur service doivent maîtriser. Il leur faut donc déchiffrer les écritures anciennes, établir des chronologies fiables, définir les usages nécessaires au respect du passé. Tâche importante, car dans les immenses sanctuaires des Empires il fallait toujours construire et restaurer ; la succession et la superposition des édifices étaient la loi du genre, car le culte appelle le culte. Pour faire face à ces exigences les scribes ont donc développé des savoirs spécialisés qui leur permettaient de redécouvrir des bâtiments antiques et de les interpréter pour la plus grande gloire de leurs souverains.

Les Mésopotamiens qui avaient plus encore que les Égyptiens le souci de la maintenance et de la restauration de leurs fragiles constructions de briques crues, ont consacré beaucoup d'efforts à l'exhumation de l'Antiquité. Ils ont même inventé une technique qui permettait aux nouveaux bâtisseurs de communiquer avec les anciens. Les briques de fondations incluses dans l'appareil des murs des temples et des palais sont un précieux indicateur de cette continuité dans et par le sol. Un des exemples les plus étonnants de cette pratique a été retrouvé sur le site de Larsa en Irak. Il s'agit d'une brique de fondation signée par le roi Nabonide (556-539 av. J.-C.) qui nous raconte avec force détails comment en restaurant un sanctuaire il a retrouvé la brique de fondation du premier temple dû au fameux Hammourabi (1792-1750 av. J.-C.). Nabonide s'enorgueillit de sa découverte et la compare à celle d'un de ses prédécesseurs, Nabuchodonosor (605-562 av. J.-C.), qui, moins inspiré par les dieux, n'avait pu retrouver sur le même lieu que le temple d'un roi beaucoup moins ancien, Burnaburiash (1359-1333 av. J.-C.). Pour que nous ne nous y trompions pas, Nabonide ajoute à l'ancienne inscription d'Hammourabi, à plus d'un millénaire de distance, la sienne propre. Mais l'inscription ne suffit pas. En faisant restaurer le temple par ses architectes le roi installe dans le paysage un signe tangible des temps anciens qui a pour mission d'être perçu et identifié comme un passé revisité, un passé vivant.

Pour intégrer le passé dans le présent, pour justifier de la longévité de leur charge et de leur empire, les souverains ont besoin des scribes et ceux-ci à leur tour doivent développer des techniques qui leur permettent de redécouvrir le passé et de s'y orienter. D'où leur intérêt pour la collecte et le relevé d'inscriptions anciennes dont ils nous ont laissé de nombreux exemples sur des tablettes que les archéologues d'aujourd'hui ont eu la chance de découvrir.

La connaissance du passé, le culte du passé sont donc un des attributs du pouvoir. Les souverains des grands empires de l'Orient l'ont bien vu : leur art monumental et funéraire cherche à défier le temps. Il faut inscrire dans le sol une marque inaltérable qui résiste aux dégradations prévisibles des saisons, aux catastrophes naturelles, aux démolisseurs potentiels. C'est l'idée même des pharaons qui illustrent par les pyramides leur pouvoir et cachent aux regards et aux voleurs les richesses qui accompagnent les défunts. Dans ce genre de tombe le monument s'affiche et le trésor se cache. Dans certains cas la tombe devient une réduction du réel, voire une maquette de l'empire. Nous savons ainsi grâce à l'historien chinois Sima Quian (fin du IIe siècle av. J.-C.) que le premier empereur de la Chine unifiée, Qin Shihuang, se fit enterrer dans la seconde moitié du IIIe siècle dans un immense mausolée où il avait fait construire une sorte de maquette gigantesque de son empire. Cette tradition a été confirmée par les fouilles récentes de Xian qui ont permis de découvrir les armées enterrées qui défendent le pourtour du sanctuaire. La tombe elle-même n'a pas été encore dégagée.

Cependant, la brique, la pierre ou le marbre sont-ils le meilleur rempart de la mémoire ? En Grèce des voix se sont élevées pour défendre une autre hypothèse. Pindare le premier, au Ve siècle av. J.-C., nous dit que ses poèmes sont plus solides que la pierre. Car tant qu'il y aura des hommes pour se souvenir le poème vivra d'une vie immatérielle que « les pluies d'hiver, milices impitoyables de nuées aux sourds grondements » jamais ne pourront détruire. Face aux inscriptions des souverains, face aux tablettes cérémonieusement déposées dans le sol, les Grecs proclament que la mémoire peut tirer parti du savoir, que l'enquête — *Historia* — peut révéler des choses cachées ou oubliées, bref que l'activité critique des hommes peut tirer parti des documents pour se constituer en un récit intelligible qu'on appellera désormais l'Histoire. À cette Histoire, fondée en Grèce par Hérodote, Grecs et Romains donneront une méthode et un contenu : identification et critique des sources, croisement des informations, construction intelligible du récit. Pour y arriver, ils s'interrogeront sur les traces des hommes qui les ont précédés, non plus seulement les monuments des rois, les inscriptions des souverains, mais les modes de vies, l'action individuelle des hommes connus ou inconnus. La naissance de l'Histoire c'est en quelque sorte l'émancipation des scribes, qui se libèrent de la tutelle des souverains et des nations, pour écrire selon Hérodote « l'histoire des Grecs et des Barbares », l'histoire universelle. Ainsi pour fonder leur *archaiologia*, leur *historia*, leurs *Antiquitates*, les historiens ont-ils repris aux antiquaires des empires leur savoir-faire : lire les inscriptions, les dater, tenter dans certains cas d'utiliser les traces matérielles (nécropoles, armes, constructions) pour identifier les populations du passé. Ce programme est inscrit en filigrane de l'œuvre d'un certain nombre d'antiquaires et d'historiens de l'antiquité gréco-romaine, et particulièrement de Varron dont l'œuvre, malheureusement a été perdue.

De cet immense effort de classement du passé, de ce désir du savoir qui allait jusqu'à se poser la question de l'existence d'hommes très anciens, antérieurs au ou aux déluges, qui vivaient de la chasse et de la cueillette et qui découvraient l'usage du feu, le judéo-christianisme et l'effondrement de l'Empire romain au Ve siècle avant Jésus-Christ ont fait table rase. Car la chronologie biblique était trop courte pour accepter la longue histoire de l'homme, dont après les Mésopotamiens, les philosophes d'Ionie avaient eu le pressentiment, ce « mensonge abominable » selon lequel les hommes sont bien plus anciens que la Révélation biblique.

La Renaissance et le retour à l'antique

À la fin du XVe siècle, les Européens ne découvrent pas seulement l'Italie mais une certaine manière de faire de l'histoire qui a été inventée à Rome. Une technique de connaissance qui tire le passé aussi bien des livres que de l'observation du sol. Pétrarque avait été l'inventeur et le chantre du retour à l'antique. Les antiquaires romains de la Renaissance seront ses successeurs et continuateurs qui jettent les bases de l'épigraphie, de la numismatique et de la périègèse, colonnes fondatrices de la science qui a précédé l'archéologie moderne : l'antiquarisme. Non que les clercs du Moyen Âge aient été les vandales qu'une certaine tradition complaisante a décrite. Tout simplement les érudits médiévaux voyaient dans les objets et monuments des reliques du passé et non des instruments de connaissance qu'il était possible de dater et de classer. En déchiffrant les inscriptions romaines, en classant les monnaies, en décrivant les monuments de la Rome antique, les clercs italiens ont donné à l'Europe une nouvelle conception du passé qui a rapidement conquis l'Europe. C'est à Rome au XVe siècle à travers l'œuvre de Flavio Biondo qu'est née une méthode singulière d'exploration du passé que nous avons coutume aujourd'hui d'appeler archéologie. Certes avant Biondo on s'intéressait à l'Antiquité mais l'originalité de la *Roma instaurata* (1446) et celle de *L'Italia illustrata* (1453) tiennent à la volonté de décrire les monuments, d'en établir la chronologie, bref de conter l'histoire à travers ses ruines. Cette approche qui avait connu son heure de gloire dans l'Antiquité avec Pausanias s'était lentement dissoute durant la période médiévale. Elle redevient un genre historiographique à la Renaissance parce qu'elle coïncide avec un nouveau type de curiosité, un retour à l'Antiquité qui s'affirme comme une conquête de savoir. Pour les hommes de la Renaissance, l'exploration du monde est indissociable de l'exploration du passé : pour fonder les arts et les sciences du présent il faut maîtriser la science du passé. Dans l'accomplissement de ce programme Rome s'imposait non seulement parce qu'elle était la capitale de la Chrétienté et donc une des capitales du savoir mais aussi parce que les érudits, les artistes et les ingénieurs qui se pressaient à la cour du pape et des cardinaux devaient compter avec un passé si monumental qu'il était le décor de la ville moderne. Pour construire, aménager et urbaniser la Rome des Papes il fallait nettoyer, dégager et souvent fouiller la Rome antique. L'observation et la fouille des monuments anciens ne sont donc pas seulement une activité spéculative mais un enjeu matériel, technique et symbolique.

L'œuvre de Biondo n'est pas isolée, elle s'intègre dans un vaste mouvement de curiosité qui voit s'épanouir l'épigraphie, la numismatique et la topographie et qui ne se limite pas à Rome : chacun des États italiens veut bientôt se doter comme le pape d'un antiquaire à la fois ingénieur, architecte et connaisseur comme le fameux Pirro Ligorio, chaque souverain veut sa collection d'antiques qui est inséparable de son palais et de son cabinet de peintures et de curiosités : le goût des antiquités se répand en Italie puis en Europe comme une traînée de poudre et bientôt l'Angleterre avec Leland, l'Empire allemand avec Celtis, la Scandinavie avec Olaus Magnus auront tous leur Biondo. Chacun des pays d'Europe acquiert ainsi entre 1550 et 1650 son propre style d'antiquaire. La France n'échappe pas à ce mouvement avec la figure encyclopédique de Nicolas Fabri de Peiresc, prince des antiquaires à la curiosité sans limite mais elle ne connaîtra pas de périègète avant le XVIIIe siècle et encore ceux-ci échoueront-ils à produire quelque chose d'équivalent à la *Roma Instaurata*, à la *Britannia* de Camden ou à la *Germania* de Clüver.

Ce n'est pas qu'en France le goût des antiquités soit moins prononcé qu'ailleurs mais il s'exerce de façon différente. Les Français sont plus curieux, dès le XVIe siècle, d'antiquités romaines que de parcourir la Gaule : Noël Taillepied dans son histoire de l'État et de la République des Gaules paru en 1585 le soulignait déjà : « les étrangers ont plus sué et peiné pour rechercher les actes excellents des anciens Gaulois que les propres régnicoles et manants du pays : même qu'il semble quasi à voir de prime face (ce qui n'est pas) qu'il n'y eut jamais homme docte en ce pays de France ». Il suffit de penser à la curiosité de Rabelais pour les fouilles de Rome, à l'enthousiasme de Peiresc pour les antiquités de la Tunisie ou de la Cyrénaïque pour se persuader que déjà se met en place ce qu'on pourrait appeler un régime français de la curiosité antiquaire plus intéressé par l'histoire universelle que par l'histoire locale. Trois découvertes majeures sur le sol de l'ancienne Gaule attestent de cette singularité. En 1651 on découvre à Arles une statue antique que l'on considère comme une Diane : aussitôt le débat fait rage car des antiquaires parisiens pensent (avec raison) qu'il s'agit d'une Vénus. La morale de l'histoire est bien triste pour les Arlésiens : la statuc confiée à la restauration du sculpteur du roi François Girardon est déposée en 1684 à Versailles. Malgré la curiosité des érudits locaux, malgré les passions qui se déchaînent, cette spectaculaire découverte ne conduit pas à des fouilles ou à des explorations organisées. Faute de pouvoir obtenir autant de statues romaines qu'il le voudrait sur le marché romain, le roi se contente de la Vénus d'Arles. La curiosité esthétique ne débouche pas sur une curiosité archéologique. Il en va de même de la découverte en 1653 à Tournai (alors terre des Habsbourg) de la tombe du roi des Francs Childéric. Déposé à Vienne et publié par l'éminent fils du médecin de l'archiduc Léopold Guillaume, le trésor funéraire sera offert en 1665 à Louis XIV. Plus signifiant encore est le faible impact de la fouille et de l'exhumation de la sépulture mégalithique de Cocherel en Normandie découverte en 1685. Malgré une fouille et des relevés d'une précision inconnue pour l'époque l'événement ne recevra qu'une publicité fort modeste.

Le développement de l'idéologie monarchique, la naissance de l'absolutisme conduisent les souverains à s'intéresser à l'Antiquité et en France plus qu'ailleurs. La fameuse ambassade du marquis de Nointel auprès de la Sublime Porte en 1670 peut être considérée comme le début d'un intérêt des pouvoirs publics — en l'occurrence de Louis XIV — pour les manuscrits, médailles et monuments du monde grec. Le voyage de Nointel frappa fortement ses successeurs : il avait avec lui « trois ou quatre maçons avec les outils nécessaires pour détacher et pour enlever les marbres les plus lourds. Jamais ambassadeur n'est revenu du Levant avec tant de belles choses ». Bien sûr, il ne s'agit pas là d'archéologie mais de collectionnisme et nous savons que le ressort essentiel des antiquaires à cette époque était la collection d'objets antiques dans la tradition des cabinets des cardinaux romains. Dès 1700, Tournefort entreprenait pour le compte de l'Académie des Inscriptions et Belles Lettres un voyage scientifique de la Grèce qui fut suivi de bien d'autres. Ce qui frappe dans le voyage en Orient au XVIIe et au début du XVIIIe siècle, c'est le rôle des Anglais et des Français : à cette époque les Allemands rêvent de la Grèce mais ils n'y vont guère ; Français et Anglais s'y précipitent, mais il faut noter là une différence. Alors que la plupart des voyages anglais sont des voyages privés financés par la *gentry*, les voyageurs français sont financés directement par l'État. Le développement des collections et des connaissances fait partie du domaine d'action du pouvoir. On trouve là un mode d'approche qui distingue de façon définitive une vision britannique et une vision française de la conquête du passé. Avec la fondation de la petite académie qui deviendra bientôt l'Académie des Inscriptions et Belles Lettres, la France se dote d'une institution publique chargée de promouvoir l'étude des antiquités pour le compte du pouvoir royal. Certes, il existe bientôt des académies de province, mais celle qui est la plus proche du pouvoir royal et qui en reçoit prestige et moyens s'impose aux autres sans aucune discussion. En somme, dès la seconde moitié du XVIIe siècle, quelques-uns des traits du régime français de la connaissance historique sont en place. C'est Paris qui gouverne et donne le ton, c'est le cabinet du roi abrité par la bibliothèque royale qui conserve les objets les plus prestigieux et les plus rares. La science française, malgré le rayonnement de l'aixois Peiresc s'affirme comme une activité protégée et contrôlée par le pouvoir central.

Avec les Lumières s'impose ainsi un type d'antiquaire spécifiquement français. On peut dire qu'à la veille de la Révolution certains traits saillants du rapport des Français à l'archéologie sont déjà en place. Les antiquaires sont des hommes de la capitale qui s'intéressent avant tout, comme le célèbre Montfaucon, aux antiquités classiques. Ils sont peu attirés par l'exploration du terrain : le comte de Caylus, certainement avec Winckelmann l'un des plus brillants antiquaires du XVIIIe siècle, est un théoricien, un observateur, un collectionneur d'idées et de faits techniques mais pas un homme de terrain comme A. A. Rhode en Allemagne, O. Rudbeck en Suède ou W. Stukeley en Angleterre. Chez lui, nul messianisme évangélique comme chez Rhode ou Rudbeck, nulle volonté d'établir la continuité entre la religion des anciens habitants des royaumes de Grande-Bretagne et l'Église d'Angleterre comme chez Stukeley, mais une volonté presque positiviste d'expliquer et de classer, de faire de l'antiquaire un physicien :

« Je voudrais qu'on cherchât moins à éblouir qu'à instruire, et qu'on joignît plus souvent aux témoignages des Anciens la voie de la comparaison qui est pour l'Antiquaire ce que les observations et les expériences sont pour le

Physicien. L'inspection de plusieurs monuments rapprochés avec soin en découvre l'usage comme l'examen de plusieurs effets de la nature combinés avec ordre en dévoile le principe : et telle est la bonté de cette méthode que la meilleure façon de convaincre l'Antiquaire et le Physicien, c'est d'opposer au premier de nouveaux documents et au second de nouvelles expériences. »

Le fait que les sciences physiques puissent contribuer à l'archéologie n'est pas une idée neuve. Elle apparaît déjà chez les naturalistes et les physiciens du XVIIe siècle.

Alors que pour des raisons diverses les archéologies européennes du XVIIIe siècle sont déjà colorées par des curiosités ethniques et nationales (rôle des Goths en Scandinavie, relations entre Germains et Celtes en Allemagne, contacts entre Scandinaves, Gaulois et Français en Grande-Bretagne), les antiquaires français comme les antiquaires italiens de cette époque ont laissé les débats de ce genre aux historiens qui se déchirent depuis la Renaissance pour savoir si les Français sont des Gaulois, des Francs ou des Romains. Cela les a tenus à l'écart de discussions qui nous paraissent aujourd'hui ridicules mais, en même temps, ce manque de curiosité pour les questions locales ou nationales a freiné l'intérêt du public savant pour l'archéologie : la curiosité antiquaire des Français est moins concrète, plus universelle que celle des autres Européens de l'époque. En Scandinavie surgit à cette époque l'idée de la création et du développement d'un service archéologique public, en Allemagne et en Angleterre fleurissent les initiatives locales, en France le goût des antiquités semble limité aux « grands corps de l'État ». Ce sont les congrégations religieuses, les intendants, les ingénieurs des ponts qui apportent leur soutien aux enquêtes de Caylus ou plus tard de Turgot ou Necker. Le goût du passé, qui réunit toutes les élites européennes, est en France plus étatique et plus centralisé qu'ailleurs.

La Révolution et l'idée nationale

D'une certaine façon la Révolution va accentuer ces traits originaux. La dissolution des académies, l'émergence de l'idée de nation, le bouleversement du régime de la propriété vont avoir des conséquences contrastées sur la curiosité pour le passé. La disparition des congrégations et notamment des Mauristes est sans doute une catastrophe de première grandeur pour l'exercice de la recherche humaniste. Il en va de même de celle des universités et académies. Inversement la création des écoles centrales, du Muséum d'histoire naturelle, la transformation du Louvre en musée, auront une influence heureuse sur les études antiquaires. Certes, l'abbé Grégoire inventera le terme de vandalisme pour qualifier les actes de destruction de tous ordres qui affecteront le patrimoine français, mais contre les vandales s'affirmeront les personnalités d'exception comme Alexandre Lenoir et son musée des Monuments français, qui se veut le modèle d'une muséologie historique et nationale, malheureusement détruit par la Restauration. Ce qui caractérise les antiquaires français au début du XIXe siècle, c'est la coupure. Coupure d'avec une certaine façon de faire de l'histoire réservée aux ecclésiastiques et aux nobles, coupure avec les curiosités universalistes de la période précédente. L'antiquaire révolutionnaire par excellence qu'est Legrand d'Aussy se veut le fondateur d'une archéologie française ; bon lecteur de ses prédécesseurs anglo-saxons, il cherche à fournir à l'histoire ancienne de la France une chronologie funéraire qui parte du terrain, des fouilles, des relevés. Programme militant qui contraste avec celui d'un Caylus ou d'un Beauménil qui voyaient dans le dessin l'acte fondateur. Legrand d'Aussy reprend aux périègètes européens l'idée de la fouille, de l'exploration du sol ; il ne cherche pas des objets précieux, il n'est plus hanté par le mirage de l'Antiquité classique, il veut comprendre la succession des hommes sur cette terre qu'il appelle la France. Son programme est donc celui d'une archéologie nationale (non pas nationaliste) et il s'oppose en cela aux exaltés de tous poils comme Coret la Tour d'Auvergne (le plus célèbre grenadier de Napoléon) ou Cambry, qui, emportés par une sainte ferveur panceltique, veulent ressusciter ces Gaulois doublement trahis par les Romains et les Francs. Les débuts du XIXe siècle coïncident en France avec le mouvement romantique et sont l'occasion d'un culte celtique qui n'a d'équivalent que l'engouement pour Ossian ou le succès des Germains en Allemagne. Mais voilà, le drame français tient au fait que le premier acte de l'histoire nationale se confond avec la défaite d'Alésia et non avec la victoire dans la forêt de Teutoburg : pour expurger ce drame primitif il ne faudra pas moins que tout un siècle de dénégation et de labeur érudit.

Archéologie, préhistoire et sentiment national

L'archéologue britannique Glyn Daniel a montré comment l'archéologie de la première moitié du XIXe siècle était paralysée par deux obstacles majeurs : le brouillard et le déluge. La question celtique relevait en France de ces deux catégories. Les Celtes se situaient dans le brouillard car on ne pouvait pratiquement rien dire de leurs origines, et ils se rattachaient au déluge parce que beaucoup d'antiquaires, à commencer par Cambry, leur attribuaient la construction des mégalithes. Le problème essentiel des antiquaires consistait donc à sortir du cercle vicieux de la chronologie diluviale pour donner aux trouvailles, toujours plus nombreuses, et qui suggéraient l'existence d'un temps long, une place dans leur système chronologique. Il est frappant d'observer que c'est en Scandinavie, en particulier grâce aux travaux novateurs de Christian Jürgensen Thomsen, qu'allait surgir un nouveau système chronologique, la classification selon les trois âges pierre, bronze, fer, tandis que les découvertes de nombreux antiquaires de France, et tout particulièrement de Boucher de Perthes, révélaient qu'il existait des hommes fossiles, contemporains des animaux fossiles.

Si l'invention de la protohistoire a été dans la plupart des cas une aventure nationale où successivement Scandinaves, Allemands et Anglais se sont principalement investis, la découverte de la préhistoire a été une aventure internationale que Boucher de Perthes n'aurait jamais menée au succès sans l'aide des géologues anglais. Le fait que la France ait été le territoire éponyme des grandes classifications des âges de la pierre explique peut-être la longue stagnation de la préhistoire récente (la protohistoire) en France. Mais il faut sans doute y voir un des effets de la coupure entre Paris et la province. Certes l'avènement de la préhistoire a été le fruit d'observations de terrains engagées par des hommes très différents dont les plus prestigieux étaient des provinciaux : Jouannet, Tournal, Boucher de Perthes et Lartet. Mais ce débat prenait à Paris ses racines, à l'Académie des Inscriptions et Belles Lettres, à l'Académie des sciences, au Muséum d'histoire naturelle. Il n'en allait pas de même du passé plus rapproché, de la protohistoire à l'époque romaine. Il n'y a plus au XIXe siècle en France de grandes entreprises encyclopédiques comme celles de Montfaucon et de Caylus. Les enquêtes comme celles du comte Alexandre de Laborde *Les monuments de la France classés chronologiquement et considérés sous le rapport des faits historiques et de l'étude des Arts* sont la continuation des projets du siècle précédent, elles n'innovent guère sinon par la qualité des reproductions. Cette stagnation des méthodes et des entreprises s'explique peut-être par la raison qu'il n'existe plus de nobles et de clercs disposant des moyens nécessaires à ce genre d'enquête, et que l'État ne s'est pas encore doté des institutions capables de remplacer les mécènes évanouis. C'est pourtant dans ce contexte que le naturaliste et antiquaire Aubin-Louis Millin (1759-1818) invente le terme d'« Antiquités nationales » : Millin appelle ainsi un recueil de cinq volumes qu'il publie en 1790 avec le sous-titre suivant : « Recueil de monuments pour servir à l'histoire générale et particulière de la France, tels que tombeaux, inscriptions, statues, vitraux, fresques, etc., tirés des abbayes, monastères, châteaux et autres lieux devenus monuments nationaux. » Le lien que Millin établit entre le passé du pays et l'idée de nation est évident. Comme Legrand d'Aussy, comme l'abbé Grégoire, il est saisi par les menaces de destructions qui pèsent sur l'héritage historique d'un pays en proie à un bouleversement social aux dimensions inédites jusqu'à ce jour ; aussi cherche-t-il à conjoindre l'idéal des Lumières et l'acte révolutionnaire. Les Antiquités ne sont pas seulement grecques, romaines, voire celtiques, elles deviennent nationales. Ce faisant, elles gagnent en extension, et dans la définition large qui est désormais la sienne, le monde médiéval et le monde moderne relèvent de l'archéologie : à l'évidence, il s'agit d'une conception beaucoup plus contemporaine que celle de Caylus. Millin est le promoteur d'un mot nouveau, déjà employé au XVIIe siècle par l'antiquaire lyonnais Jacob Spon mais auquel il donne un sens plus vaste que ses prédécesseurs :

« L'archéologie est donc la connaissance de tout ce qui a rapport aux mœurs et aux usages des anciens : celui qui la possède se nomme Archéologue, et, plus vulgairement Antiquaire ; cependant on applique plus communément le premier nom à celui qui étudie les mœurs et les usages, et le second à celui qui étudie les monuments : ce dernier porte aussi le nom d'Archéographe. »

L'archéologie moderne est l'héritière des Lumières mais elle doit aux États nationaux du XIXe siècle la création d'une législation et des outils qui permettent de préserver ce qui peut l'être des vestiges du passé. Le défi du prochain siècle est de transformer cet héritage en un cadre plus apte à respecter et promouvoir les valeurs universelles de la recherche du passé : les Assyro-babyloniens avaient raison, le passé est devant nous.

L'Histoire saisie par le genre

par MICHELLE PERROT

Le processus de prise en compte des femmes et de la différence des sexes par un récit historique qui les ignorait : tel est mon propos. Quand, pourquoi, comment s'est développé ce champ de recherches nouveau qui s'appelle « histoire des femmes, histoire du genre » ? Quelle signification ? Quels effets ? Il s'agit d'un processus récent, qui date du dernier quart de siècle ; rapide, et qui rencontre, aujourd'hui encore, bien des incompréhensions et des résistances, parce qu'il touche à l'organisation des savoirs et des pouvoirs, et à l'ordre symbolique du monde.

C'est à cette excursion historiographique que je vous convie. L'historien est un médiateur qui travaille en fonction de son appartenance sociale, temporelle, intellectuelle, sexuelle, de sa trajectoire personnelle. Sa subjectivité peut être un obstacle, mais aussi un levier, une clef pour comprendre le monde. L'histoire est une opération complexe, où interfèrent les systèmes de valeur de longue durée et le regard présent.

Texte de la 113e conférence de l'Université de tous les savoirs donnée le 22 avril 2000.

Le poids du silence

Il importe d'abord de prendre la mesure du silence qui pèse sur les femmes. Elles seulement ? Non. L'oubli est le sort commun. Il recouvre des millions, des milliards de vies enfouies dont nous ne saurons jamais rien ; dont nous ne pourrons rien savoir parce qu'il n'en existe pas de traces, ou qu'on ne se soucie pas de les chercher. Mais il est des oublis plus profonds que d'autres : oubli des pauvres, sans famille, cette instance de mémoire ; oubli des peuples vaincus, dont on détruit systématiquement les vestiges.

L'oubli des femmes, toutefois, est particulier, spécifique ; il exprime leur place en ce monde, la considération qu'on leur accorde. Cet oubli tient à plusieurs niveaux qui se recouvrent, comme autant de silences emboîtés.

Il tient d'abord au silence des femmes dans l'histoire, lié à leur invisibilité dans l'espace public. Invisibilité de fait : elles y sont moins présentes. Invisibilité érigée en principe, comme essence même de leur féminité. « Une femme en public est toujours déplacée », disait Pythagore. Si elle y paraît, on la nie, on la gomme ; surtout s'il s'agit d'événements politiques où elle ne devrait pas participer, ou de création à laquelle elle ne saurait concourir.

D'où — second niveau — la faiblesse des traces laissées par les femmes. Par défaut d'enregistrement : la transmission masculine du nom a rendu impossible la reconstitution des lignées féminines. Les statistiques sont, la plupart du temps, des agrégats dont le neutre dissimule les femmes, en particulier pour le travail des femmes rurales ou artisanes, ou encore dans le cas de grèves mixtes. Le « ils » cache « elles ».

Par défaut, aussi, de conservation des traces. Les archives publiques, vouées au public, parlent peu d'elles. Et il était, jusqu'à maintenant, peu d'archives privées de gens ordinaires, peu d'archives de femmes. Cette faiblesse des traces pose un problème de « sources ». Elle contraste avec l'avalanche des discours, des représentations, des mots et des images concernant les femmes. « D'elles, il est tant parlé. »

Toutefois, la densité des traces laissées change avec le temps, en fonction de l'accès des femmes aux modes d'expression, de leur prise de possession de la parole, de l'écriture, qui dessine la trajectoire de leur histoire même. Produire des traces, c'est prendre possession de l'espace, c'est s'inscrire matériellement dans le temps.

Troisième niveau, enfin : les silences du récit, qu'est toute histoire. Ce récit a longtemps privilégié l'espace public : les événements politiques, militaires, religieux, les règnes, les guerres, les hauts faits des héros, des « Grands Hommes ». Surtout dans la culture occidentale, gréco-romaine et judéo-chrétienne, qui met les femmes hors-jeu de la cité et de l'histoire, assimilant la féminité à la passivité, ou à une beauté qu'il convient de voiler.

Ce silence sur les femmes s'étend à la différence des sexes comme facteur de changement. Au vrai, celle-ci est perçue comme immuable fondement d'une pensée symbolique qui se construit sur la dualité homme/femme et qui, très généralement, assimile les femmes à la Nature et à la passivité, et les hommes, à la culture, à l'action et à la création. Françoise Héritier a montré qu'une telle représentation de ce qu'elle appelle « la valence différentielle des sexes » était un invariant de l'ordre du monde. L'historien, qui souscrit à ce jugement pour le passé, ajouterait cependant, à la différence de l'anthropologue : « jusqu'à présent ». Car du passé, on ne saurait déduire l'avenir.

Ainsi rejetées vers la reproduction, les femmes sont hors-jeu de la création, du changement et de l'histoire. « LA » femme est en quelque sorte ahistorique et la différence des sexes n'est pas susceptible d'événement ou de récit. Or, ces conceptions d'une différence des sexes immuable, qu'on trouve dans la pensée philosophique ou religieuse ancienne, ont été renouvelées, réitérées, renforcées même lorsque, au XIXe siècle, l'histoire se constitue en discipline scientifique, ou du moins académique. Pour des raisons à la fois intellectuelles et politiques. Intellectuelles : l'anthropologie de Morgan, Bachofen (celle à laquelle se réfèrent Engels et Marx) est évolutionniste. Elle croit à un matriarcat originel, paisible et heureux, mais immobile, axé sur la reproduction. Pour que le progrès advienne, il a fallu que les hommes prennent le pouvoir. Par la violence et la guerre, accoucheuse des sociétés, l'histoire est entrée dans le monde. L'histoire est fille du verbe et de la virilité.

Cette vision des choses convient, politiquement, parfaitement à la France du XIXe siècle. La Révolution française, celle des Droits de l'homme, fait de la division sexuelle des tâches, des rôles et des espaces (le public aux hommes, le privé aux femmes) un principe de gouvernement.

Elle exclut les femmes du politique. Elle remplit de ses tumultes le récit (et le roman) historiques, qui se vouent à la célébration des « Grands Hommes ». Hommes de la Révolution et soldats de l'Empire — ô Bonaparte — sont les héros d'une citoyenneté construite sur le mode de la virilité. Or, cette histoire virile est le fondement d'une identité nationale, telle qu'aujourd'hui encore la présentent nos manuels d'histoire. Dans cette mâle épopée, peu de place pour les femmes, hormis quelques héroïnes (Jeanne d'Arc) : les « petites femmes » auprès des « Grands Hommes ». L'œuvre de Jules Michelet (très attentif aux femmes) est à cet égard fort significative.

Quant à la différence des sexes, on considère qu'elle appartient à l'anthropologie, non à l'histoire. L'École des *Annales*, critique pourtant vis-à-vis de l'histoire politique traditionnelle, ne s'en préoccupe pas. Elle est attentive à l'économique et au social, aux classes plus qu'au sexe, au quantitatif et au collectif plus qu'à l'individuel ou au biographique. Tel était le paysage historique autour des années 1970.

Depuis, les choses ont changé. Le silence a été rompu.

Le silence brisé : l'avènement d'une histoire des femmes

Toute une série de facteurs mêlés expliquent ce changement historiographique.

DES FACTEURS SCIENTIFIQUES

La crise des grands paradigmes explicatifs — marxisme, structuralisme — favorise un renouvellement théorique. Elle s'accompagne de la prise de conscience de l'histoire comme un récit, une construction, un rapport passé/présent où interfère légitimement la subjectivité du narrateur (subjectivité qu'on ne saurait confondre avec partialité). La réflexion de Paul Ricœur est en l'occurrence essentielle.

Comme celle, d'une autre manière, de Michel Foucault. Par sa critique de l'Homme en général, de l'Universel sûr de ses valeurs ; par son ouverture à d'autres objets : la folie, la prison, la famille comme instance de pouvoir, la sexualité comme lieu de savoir, le corps comme centre de ce qu'il appelle le « biopolitique » ; par sa prise en compte des « vies infâmes », des désordres intimes, de la question du genre (bien qu'il n'emploie jamais le mot), Michel Foucault offrait bien des instruments à une histoire des femmes. *La Volonté de savoir* (1976), tome 1 d'une *Histoire de la sexualité*, demeurée à l'état de projet, prévoyait un volume sur « la femme hystérique ». Tout cela constituait autant de facteurs favorables à l'innovation.

La discipline historique elle-même renouvelait ses alliances. Par l'anthropologie, par la démographie, elle retrouvait la famille, longtemps négligée, et par celle-ci, le privé, le couple, l'amour, le sexe, les femmes. L'œuvre de Georges Duby est à cet égard exemplaire, de l'étude de l'économie du Mâconnais (1953) aux *Dames du XIIe siècle* (1996), en passant par *Le Chevalier, la Femme et le Prêtre*

(1981), recherche sur le rôle du mariage dans la société féodale.

Cette pluridisciplinarité a fait éclater une histoire qui perdait l'ambition d'être « totale ». Mais en multipliant les objets d'histoire, cette « histoire en miettes » s'est révélée très favorable à l'histoire des femmes.

La « nouvelle histoire » (ainsi désignait-on la troisième génération des *Annales*, celle des années 1970) mettait au premier plan de ses préoccupations la question des sensibilités (Alain Corbin) et celle des représentations. Or par la force des choses, l'histoire des femmes passe d'abord par celle des représentations, puisqu'elles sont représentées avant d'être décrites et appréhendées dans leur réalité sociale (étant bien entendu qu'il ne s'agit pas d'opposer l'une aux autres, réalités au même titre).

Décidément, la conjoncture intellectuelle était propice à une autre écriture de l'histoire.

DES FACTEURS SOCIOLOGIQUES

Ils tiennent à la présence des femmes à l'Université, comme étudiantes et enseignantes. Au XIXe siècle, l'étudiante était, selon la définition des dictionnaires, la « compagne de l'étudiant ». Les étrangères sont les premières à modifier le paysage, à la fin du XIXe siècle. La création d'un baccalauréat unisexe en 1924 ouvre véritablement l'âge des étudiantes qu'illustrent Simone de Beauvoir, Colette Audry ou Simone Weil, brillantes agrégées. Les étudiantes forment aujourd'hui 56 % des effectifs des universités. Le renouvellement du public est porteur de potentialités, de curiosités différentes. Du côté des enseignantes, on enregistre un mouvement analogue, quoique différé. Longtemps, la femme professeure a été « indésirable », comme le montre la candidature à la Sorbonne de Geneviève Bianquis, entre les deux guerres, brillante germaniste éconduite sous le prétexte qu'elle n'aurait pas l'organe suffisant pour parler dans un amphi. La première femme professeure (Lettres) fut en 1947 Marie-Jeanne Dury. Aujourd'hui, on compte 33 % d'enseignantes et seulement 13 % de professeures. L'histoire, discipline valorisée dans notre culture nationale, demeure relativement virile.

DES FACTEURS POLITIQUES

Des facteurs politiques, enfin, liés au mouvement de libération des femmes des années 1970. Certes, l'écriture de l'histoire n'était pas son souci premier. Mais ce mouvement a eu sur elle des effets multiples. D'abord, la quête des traces, dans le désir de se trouver des ancêtres, d'établir la généalogie des luttes de femmes ; de les rendre visibles. La bibliothèque Marguerite Durand, alors sise au dernier étage de la mairie du 5e arrondissement, fut prise d'assaut.

Une volonté de « rupture épistémologique » traversa l'ensemble des sciences sociales et humaines, plus marquée en anthropologie et en sociologie (cf. Andrée Michel, Christine Delphy), qu'en philosophie ou en histoire. Sans rentrer dans les épisodes d'un parcours tumultueux, j'en rappellerai les principaux caractères : la pluridisciplinarité, la pluralité de l'objet « femme » faisant voler en éclats les frontières disciplinaires qui demeurent, en France, le principal obstacle à la création des *Women's studies* ; le rôle de la pensée féministe américaine, qui d'ailleurs utilisait souvent des œuvres françaises, revisitées par les chercheuses américaines ; l'ambition du projet, l'intensité des débats, souvent violents, entre les divers courants du féminisme. En France, les essentialistes, qui insistaient sur une irréductible différence s'enracinant dans le corps et la maternité, s'appuyaient sur la psychanalyse (*Psych et Po* et Antoinette Fouque ; Luce Irigaray, Julia Kristeva) et attiraient les littéraires (Hélène Cixous et l'écriture féminine). Les universalistes (courant majoritaire en France) s'appuyant sur l'œuvre de Simone de Beauvoir, récusaient la différence, toute idée d'une féminité naturelle, où elles voyaient le piège de l'enfermement des femmes ; elles revendiquaient l'égalité, non la spécificité et insistaient sur l'historicité du genre ; sociologues et historiennes se retrouvaient dans cette mouvance. Le contexte actuel n'est plus le même. Mais dans les années 1970-1980, la pensée *Queer* (dont on crédite souvent Michel Foucault et Judith Butler) était balbutiante.

On mesure la richesse du débat intellectuel et existentiel qui sous-tend le développement de l'histoire des femmes, sans qu'elle ait eu toujours clairement conscience des enjeux qui la traversaient.

Histoire des femmes, histoire du genre

Depuis le début des années 1970 s'est construit un véritable « champ de recherches », autour des universités et de l'École des hautes études en sciences sociales, notamment grâce aux thèses, de nombreuses publications et d'une tentative de synthèse, *Histoire des femmes en Occident*, qui a contribué à la légitimité d'un domaine reconnu, même s'il ne bénéficie pas de l'appui institutionnel qu'il devrait avoir, ce qui pose des problèmes de développement, de carrière pour les plus jeunes et de transmission.

LES CONTENUS

On est parti des femmes prises au plus près de leurs rôles et de leurs lieux traditionnels (lavoirs, églises, salons), au plus près de leur corps : la femme mère, ménagère, religieuse, prostituée ; pour aller vers une histoire des femmes dans l'espace public au double sens matériel (la ville) et politique (la cité). Le travail salarié, les luttes ouvrières, le syndicalisme, l'action sociale, le féminisme, le suffragisme, la citoyenneté, ont été envisagés.

LES PROBLÉMATIQUES

Elles ont pareillement évolué, dans les directions suivantes :

— De l'histoire des représentations et des discours à une histoire sociale, soucieuse de saisir la réalité des femmes dans la diversité de leurs situations, de leurs pratiques et de leurs existences singulières. D'où l'intérêt porté aux sources privées (correspondances, journaux intimes, plus rares autobiographies).

— De la femme victime à la femme actrice de son destin, rebelle individuellement, ou collectivement (très riche histoire des féminismes). Et cela nous a conduits à réfléchir aux rapports masculins/féminins en termes de pouvoirs, en posant la question des formes de pouvoir : dans la famille, dans la cité (la représentation politique, des reines aux votantes et aux députées, dans l'imaginaire (importance du capital symbolique) ; mais aussi celle de la violence, de la séduction, du consentement éventuel des femmes à leurs rôles, de leur contre-pouvoir officieux ou occulte. Car le silence des femmes peut être non seulement un retrait défensif, mais aussi une forme de résistance (du *Silence de la Mer* de Vercors aux mères de la place de Mai à Buenos Aires).

Toute la question de la domination masculine se trouve posée. Elle a été relancée par le livre de Pierre Bourdieu (1998) qui a suscité intérêt et controverses. Il lui confère une emprise systémique si forte qu'elle exclut toute histoire. Le poids de la domination sur les dominés — en l'occurrence les femmes — est tel qu'elles sont quasiment incapables de faire leur histoire, voire de la penser et de l'écrire. Le féminisme de l'égalité ne serait qu'une tentative par les femmes les plus privilégiées pour acquérir les avantages des dominants, y compris par la parité. Semblable système laisse peu de place à la liberté et à l'histoire. D'où l'intensité de la discussion.

— Des femmes au genre : et c'est sans doute l'évolution la plus riche théoriquement, celle qui ouvre le plus de voies quant à des développements ultérieurs. L'histoire des femmes, en France, s'était proclamée, dès le départ, résolument relationnelle, refusant le risque de ghetto d'une pure « histoire des femmes » et revendiquant l'ambition de remodeler l'ensemble du questionnement historique. Universalistes, dans leur ensemble, les historiennes se situaient dans l'héritage de Simone de Beauvoir, qui contestait l'idée d'une féminité naturelle et innée. « On ne naît pas femme : on le devient », disait-elle. Mais cette perspective restait plus empirique que théorique. Françoise Thébaud a montré comment est venu « le temps du *Gender* », la pénétration de la notion et du terme, pas toujours facile à implanter en France en raison du sens grammatical du mot « genre », mais désormais couramment utilisé, du moins dans les sciences sociales et humaines, non sans réticence notamment en histoire.

Le rôle des Anglo-américaines, reprenant souvent des auteurs méconnus chez nous, de Beauvoir à Foucault et Derrida, a été prépondérant dans cette démarche théorique : d'Ann Oakley (1972) à Joan Scott (1983).

De quoi s'agit-il ? D'une différence des sexes non pas liée à la nature, mais construite par la culture et l'histoire ; une différence produite par l'historicité et qu'il importe par conséquent de déconstruire à tous les niveaux des discours et des pratiques, du politique et du domestique, du public et du privé, du réel et de l'imaginaire. Le genre est un instrument d'analyse qui permet de sortir de la description et de l'empirique et qui traverse toutes les catégories ; une manière exigeante de voir les choses autrement, et de faire la critique des normes admises. Le genre est un scalpel qui traque les évidences.

Ainsi, l'idée de « Naturel » est une « invention » du discours scientifique, et notamment médical, principalement aux XVIIIe et XIXe siècles, comme le montrent des études récentes (Thomas Laqueur, 1996 ; Delphine Gardey et Llana Lowy, 2000). Le biologique ne saurait être confondu avec le « naturel ». Dans ce domaine, la réflexion des anthropologues et des historiennes féministes des sciences, confrontées plus que d'autres au « fait féminin », qui part de la pseudo-évidence du biologique, est essentielle. Elle permet de faire la critique du « corps sexué » à la lumière du genre, d'autant plus nécessaire que l'opposition sexe (biologique) et genre (culturel) risque de reconduire subrepticement la vieille opposition nature/culture. Or, le corps est historique. Il y a une historicité du corps, de même qu'il y a une sexuation du langage, et notamment du langage scientifique. Les métaphores employées pour décrire la fécondation sont à cet égard saisissantes. Pendant longtemps, on a cru à une totale passivité féminine, le sperme étant seul créateur. L'ovulation est découverte au XIXe siècle, mais à nouveau engluée dans la métaphore virile : le sperme « pénètre » l'ovocyte, passive. Les perspectives actuelles de l'embryologie renouvelée en font des « partenaires mutuellement actifs ».

— Le genre a ouvert d'autres perspectives encore : sur la virilité et l'histoire des hommes en tant qu'hommes ; sur la sexualité, en tant que norme. Le genre rend les hommes visibles en tant qu'êtres sexués, dont la virilité n'est pas plus naturelle que la féminité. Il y a là un champ de recherches particulièrement prometteur, en plein développement aux États-Unis (George Mosse ; David Halperin) et en France (André Rauch ; Daniel Welzer-Lang). Spécialiste d'histoire du sport, André Rauch est venu de la boxe à l'étude du *Premier sexe* (2000). Dans ce dernier ouvrage, il s'attache à la diversité des pratiques qui, au XIXe siècle, produisent la virilité : citoyenneté politique comme un club de frères, service militaire, sport et compétition.

Le renouveau de l'histoire de la Première Guerre mondiale (Stéphane Audoin-Rouzeau, Annette Becker) met en lumière l'extraordinaire « brutalisation » qui l'a marquée et ses conséquences sur les rapports entre les sexes si controversées : émancipation des femmes ? ou retour à l'ordre des sexes, hommes au front, femmes à l'arrière, les remplaçant, les soignant dans la plus pure tradition de la femme-qui-aide, subissant dans le silence la peine du deuil, la violence de l'occupant ?

— Genre et sexualités. Le genre conduit également à interroger les formes de la sexualité. Forme majoritaire de sexualité, l'hétérosexualité est-elle la seule ? Depuis quand, comment a-t-elle été construite comme la norme au point d'exclure, de refouler, de stigmatiser les autres ? Cette question est au centre des deux derniers livres de Michel Foucault (*L'Usage des plaisirs, Le Souci de soi*), ou encore de ceux de David Halperin. Celui-ci insiste sur le rôle du XIXe siècle dans la fixation des identités sexuelles, qui ne seraient pas plus caractéristiques de la personne que les goûts alimentaires. L'opposition tranchée entre catégories sexuelles n'est pas une vérité universelle, mais une invention récente, occidentale et bourgeoise.

Longtemps refoulée, l'histoire des sexualités prend peu à peu droit de cité. Le corps sexué devient objet d'histoire. On s'intéresse aux sexualités indécises, floues, celles qui se jouent des stéréotypes : androgynie, transexualité, travestissement, les jeux du « mauvais genre ». Mais plus encore aux homosexualités. Histoire difficile, faute de sources, les interdits ayant conduit à la dissimulation, et à la destruction des traces. Mais plus encore, faute de la question, du regard, qui, comme toujours, inventent les sources, produit seul le récit. Le récent livre de Florence Tamagne, *Histoire de l'homosexualité en Europe (1900-1940)* (2000) illustre à quel point la recherche est tributaire du questionnement. Il repose sur un foisonnement de textes et de témoignages de toute nature. Il raconte la lente et difficile construction d'une identité homosexuelle, prise entre condamnation (pénale, morale) et discours médical presque aussi stigmatisant : si elle n'est pas une faute, l'homosexualité est-elle une maladie ? En dépit d'avancées libératrices parfois fulgurantes, dans les années 1920-1930, la répression nazie (procès et camps de concentration), qui assimile les homosexuels aux juifs, une race à exterminer, montre tragiquement à quel point la sexualité est devenue affaire d'État, et le corps, le sexe, centres, et non pas marges, de la biopolitique.

Au sein de l'homosexualité, une dissymétrie affecte les lesbiennes : négligées par les féministes, elles l'ont été aussi par le côté viril de l'homosexualité. Bien que pionnière (M.-J. Bonnet), leur histoire a été négligée par l'histoire des femmes qu'elles ont pourtant largement contribué à construire. Elle a de beaux jours devant elle.

On voit l'ampleur des débats que l'histoire des femmes, saisie par le genre, a suscités ou alimentés. Qu'est-ce quc la nature ? Le corps ? La sexualité ? Une personne ? Qu'est-ce qu'une identité sexuelle ? En définitive qu'est-ce que la différence des sexes à tous les égards, y compris celui de l'historicité ?

L'histoire des femmes, née de l'intrigant silence qui les enfermait et niait leur existence individuelle et collective, insurgée contre des représentations et des pouvoirs qui les assignaient à la dépendance, a d'abord été un immense plaisir de la connaissance et de la découverte d'un continent englouti. Puis, elle s'est révélée critique d'une hiérarchie sexuelle des valeurs, donnée comme invariante, et d'un universel séduisant, mais qui ne l'était encore que virtuellement. D'où le projet de concourir à sa réalité.

Histoire née de son temps, inscrite et déployée en lui, qu'elle aspire à comprendre et à transformer.

RÉFÉRENCES

– AUDOIN-ROUZEAU (S.), *L'Enfant de l'ennemi*, 1914-1918, Paris, Aubier, 1995.

– BARD (C.), *Les Garçonnes. Modes et fantasmes des années folles*, Paris, Flammarion, 1998 ; Id. (sous la direction de), *Un siècle d'antiféminisme*, Paris, Fayard, 1999.

– BEAUVOIR (S. de), *Le Deuxième Sexe*, Paris, Gallimard, 1949.

– BECKER (A.) et AUDOIN-ROUZEAU (S.), *Retrouver la guerre, 14-18*, Paris, Gallimard, 2000.

– BOURDIEU (P.), *La Domination masculine*, Paris, Le Seuil, 1998.

– BONNET (M.-J.), *Un choix sans équivoque. Recherches historiques sur les relations amoureuses entre les femmes XVI-XXe siècles*, Paris, Denoël, 1981 ; *Les Relations entre les femmes*, Paris, Odile Jacob, 1995 (édition revue et complétée).

– BUTLER (J.), *Gender trouble. Feminism and the subversion of Identity*, New York, Routledge, 1990.

– CORBIN (A.), *Les filles de noce. Misère sexuelle et prostitution aux XIXe et XXe siècle*, Paris, Aubier, 1978 ; *Historien du sensible. Entretiens avec Gilles Heuré*, Paris, La Découverte, 2000.

– CORBIN (A.), LALOUETTE (J.) et RIOT-SARCEY (M.), (sous la direction de), *Les Femmes dans la Cité au XIXe siècle*, Paris, Créaphis, 1997.

– DELPHY (C.), *L'Ennemi principal*, 1. *Économie politique du patriarcat*, Paris, Syllepse, 1998.

– DUBY (G.), *Le Chevalier, la Femme et le Prêtre*, Paris, Hachette, 1981 ; Id., *Images de femmes*, Paris, Plon, 1992.

– DUBY (G.) et PERROT (M.), (sous la direction de), *Histoire des femmes en Occident. De l'Antiquité à nos jours*, 5 vol., Paris, 1991-1992.

– DUBY (G.) et PERROT (M.) (sous la direction de), *Femmes et Histoire*, Paris, Plon, 1993.
– EPHESIA (collectif), *La place des femmes. Les enjeux de l'identité et de l'égalité au regard des sciences sociales*, Paris, La Découverte, 1995 (important colloque tenu à Paris en 1995 ; mine de renseignements).
– FEBVRE (L.), *Amour sacré, amour profane. Autour de l'Heptaméron*, Paris, Gallimard, 1944 (rééd. Folio. Histoire, 1996).
– FOUCAULT (M.), *La Volonté de savoir*, t. 1 de *Histoire de la sexualité*, Paris, Gallimard, 1976.
– FRAISSE (G.), *Muse de la raison*, Aix, Alinéa, 1989 (rééd. Gallimard, 1995) ; *La Raison des femmes*, Paris, Plon, 1992 ; *La Différence des sexes*, Paris, PUF, 1996 ; *Les Femmes et leur histoire*, Paris, Folio/Gallimard, 1998.
– GARDEY (D.) et LOWY (L.) (sous la direction de), *L'Invention du naturel. Les sciences et la fabrication du féminin et du masculin*, Paris, Éditions des archives contemporaines, 2000.
– GEORGOUDI (St.), BACHOFEN, « Le matriarcat et le monde antique », *in* Schmitt-Pantel (P.) (sous la direction de), *Histoire des femmes en Occident. I, L'Antiquité*, Paris, Plon, 1991, p. 477-493.
– HALPERIN (D.), *Cent ans d'homosexualité et autres essais sur l'amour grec*, Paris, EPEL, 2000 (trad. de l'américain).
– HÉRITIER (F.), *Masculin/Féminin. La pensée de la différence*, Paris, Odile Jacob, 1996.
– LAQUEUR (T.), *La Fabrique du sexe. Essai sur le corps et le genre en Occident*, Paris, Gallimard, 1992 (trad. de l'américain, 1990).
– LE DOEUFF (M.), *Le Sexe du savoir*, Paris, Odile Jacob, 1999.
– MOSSE (G.), *L'Image de l'homme. L'invention de la virilité moderne*, Paris, Abbeville édition, 1997 (trad. de l'américain) ; *De la Grande guerre au totalitarisme. La brutalisation des sociétés européennes*, Paris, Hachette Littérature, 2000.
– OAKLEY (A.), *Sex, Gender and Society*, Londres, Temple Smith, 1972.
– PERROT (M.), *Femmes publiques*, Paris, Textuel, 1997 ; *Les Femmes ou les silences de l'Histoire*, Paris, Flammarion, 1998.
– RAUCH (A.), *Le Premier Sexe. Mutations et crise de l'identité masculine*, Paris, Hachette-Littérature, 2000.
– RIPA (Y.), *Les Femmes, actrices de l'Histoire*, France, 1789-1945, Paris, Sedes, Campus, 1999 (excellente synthèse).
– SCOTT (J. W.), *Gender and the Politics of History*, Columbia University Press, 1988 ; *La Citoyenne paradoxale. Les féministes françaises et les droits de l'homme*, Paris, Albin Michel, 1998 (trad. de l'américain, 1996).

– SOHN (A. M.) (sous la direction de), *Une histoire sans les femmes est-elle possible ?*, Paris, Perrin, 1998.
– TAMAGNE (F.), *Histoire de l'homosexualité en Europe (1900-1940), Paris-Londres-Berlin*, Paris, Seuil, 2000.
– THÉBAUD (F.), *Écrire l'histoire des femmes*, préface d'Alain Corbin, ENS-Fontenay, 1998 (indispensable mise au point historiographique ; importante bibliographie).
– WELZER-LANG (D.), *Les Hommes violents*, Paris, Lierre et Coudrier, 1991 ; (sous la direction de), *Nouvelles approches des hommes et du masculin*, Toulouse, Presses Universitaires du Mirail, 2000 (par un sociologue pionnier en France de l'étude de la masculinité ; importante bibliographie).

NUMÉROS SPÉCIAUX DE REVUES

– *Les Cahiers du GRIF*, 37/38, printemps 1988, « Le genre de l'Histoire ».
– *Genèses*, 6, décembre 1991, « Femmes, genre, histoire ».
– *Clio*, 10/1999, « Femmes travesties : un mauvais genre » dossier présenté par Chr. Bard et N. Pellegrin.
– *Travail, genre et société*, 3, 2000 « Le genre masculin n'est pas neutre ».

Histoire et subjectivités

par ALAIN CORBIN

Le simple énoncé de l'objet qui m'a été proposé suffit à désigner son ampleur. La manière dont l'individu reçoit, interprète, se rappelle, oublie ce qui constitue à ses yeux le cours de l'histoire et dont il se trouve modelé par lui résulte de sa trajectoire et de sa position sociales, de son habitus, de ses représentations du monde, de l'autre et de soi — qu'elles forment ou non système — de ses croyances et de ses convictions, de sa culture sensible, de sa structure affective et des événements qui ont rythmé son existence.

Il me faut délimiter plus étroitement cet objet. Aussi m'en tiendrai-je, aujourd'hui, à la manière dont la conscience de l'identité, les représentations et la mémoire de soi contribuent à déterminer la façon dont le sujet interprète l'apport extérieur et au retentissement de ce qu'il nous faut résumer par le terme « histoire », ici conçu comme somme de savoirs et d'expériences.

Ainsi limité, l'objet oblige à l'examen de plusieurs préalables, étant bien précisé qu'il concerne des individus qui ont vécu au cours du premier XIXe siècle (1815-1860). D'où l'organisation de mon propos selon trois interrogations.

Texte de la 114e conférence de l'Université de tous les savoirs donnée le 23 avril 2000.

La biographie d'individus disparus — sans laquelle mon objet s'effondre — est-elle légitime ?

Si cet objet m'a été proposé, c'est que ceux qui ont élaboré ce cycle de conférences ont perçu l'intérêt croissant porté à l'histoire de la singularité ; c'est qu'ils savent bien que les historiens refusent désormais de considérer ce que serait un homme moyen dans un groupe à pensée homogène. Le recul des paradigmes holistes se trouve à la racine de la légitimation actuelle de l'histoire du sujet.

Celui-ci est-il rétrospectivement accessible, et, si oui, de quelle manière ? Les attaques contre le genre biographique sont anciennes et nombreuses. La diatribe est pluriséculaire mais je me limiterai aux cent dernières années*. Ceux-là mêmes qui étaient les adeptes d'une histoire de la psychologie collective, des mentalités ou des sensibilités ont mis en cause le genre biographique. Gabriel Monod lui-même, si souvent accusé de positivisme, l'attaque dans la *Revue historique* en 1896, tandis que Ferdinand Brunetière s'efforce d'en montrer les limites dans le champ de la critique littéraire. François Simiand recommande en 1903, dans la *Revue de synthèse*, de « passer du singulier aux phénomènes réguliers, aux relations stables ». En 1922, Lucien Febvre écrit : « Pas l'homme, jamais l'homme, les sociétés humaines, le groupe organisé. » Ce qui est objet de curiosité pour cet historien des mentalités, lorsqu'il semble contrevenir à sa propre injonction, c'est l'homme d'un

* Sur ce point et sur ce qui suit, entre autres travaux : P. Levillain , « Les Protagonistes : de la biographie », *in* R. Rémond, *Pour une histoire politique*, 1988 ; A. Levallois, « Psychanalyse et histoire : le règne éphémère de la psychohistoire et l'avènement de la biographie historique en France », *Construire l'histoire*, monographies de la Revue française de psychanalyse, Paris, PUF, 1998 ; et Colloque de Nîmes consacré à la biographie, 1999.

temps, d'un siècle, un individu abstrait dont l'univers mental, affectif, les comportements sensoriels sont ceux de la culture à laquelle il appartient. Paradoxalement, cette critique s'élabore puis se déploie alors que la biographie règne presque sans partage dans les manuels d'histoire littéraire.

Au milieu du XXe siècle, la dénonciation s'accentue. Jean-Paul Sartre — notamment dans *La Nausée* — porte à la biographie des coups plus rudes et plus précis* : que peut-on savoir rétrospectivement d'un homme — à plus forte raison s'il s'agit d'un disparu —, compte tenu de sa vérité plurale, des manifestations aléatoires du moi, de l'absence d'unité de l'identité, du manque de fermeté, de consistance, de cohérence de la vie telle qu'elle a été vécue ? Qu'est-ce, finalement, qu'une biographie sinon une manière d'unifier les connaissances du scripteur selon un enchaînement vraisemblable de faits, de conduites, de sentiments et d'émotions, une cohérence produite par celui qui opère la totalisation des informations ; en bref, le résultat d'une logique imposée par la forme même du récit biographique ? Cette conciliation abusive de « couches de significations hétérogènes et irréductibles » (Françoise Gaillard) n'est que forçage du sens ; plutôt, elle n'est que le résultat d'une préconstruction du sens. La tyrannie de la forme conduit à mettre en doute la légitimité même du projet biographique.

Roland Barthes renonce, pour sa part, à la quête de l'unité d'une vie vécue et se replie, selon un processus de désintégration, sur quelques éléments simples — les biographèmes —, sur quelques détails qui dessinent une existence en morceaux, en éclats ; une biographie trouée, parcellisée. Michel Foucault, posant la question : « Qu'est-ce qu'un auteur ? », renonce à la reconquête de l'identité d'un individu substantiel, le sujet n'étant pour lui qu'un effet de langage. Plus largement, le structuralisme se fonde sur la proclamation de la mort du sujet, considérant l'homme

---

* *cf.* l'intervention de F. Gaillard au Colloque cité de Nîmes, février 1999.

comme produit des systèmes symboliques constitutifs de la société ; ce qui disqualifie la biographie, puisque l'individu possède, tout au plus, la liberté de prendre ou non conscience de son assujettissement.

Davantage qu'à ce jeu des disqualifications redoublées, les historiens ont été sensibles aux mises en garde, plus nuancées, formulées par Pierre Bourdieu en 1986. Celui-ci, animé du désir de dépasser l'opposition, absurde à ses yeux, de l'individu et de la société et conscient du double écueil constitué par le subjectivisme et par le structuralisme, n'en dénonce pas moins, à sa façon, « l'illusion biographique ». Bourdieu rejoint ceux qui refusent de considérer la vie « comme un tout, un ensemble cohérent et orienté », comme se déroulant « selon un ordre chronologique qui est aussi un ordre logique », comme dotée de signification et de direction ; alors que le réel est discontinuité, juxtaposition d'éléments disparates. La vie n'est qu'une trajectoire unissant « une série de positions successivement occupées par un même agent dans un espace lui-même en devenir ». « Les événements biographiques se définissent comme autant de placements et de déplacements dans l'espace social » ; ce qui laisse à l'individu la possibilité « d'intervenir comme agent efficient dans les différents champs » qu'il occupe ou qu'il traverse. Revenant sur le propos dans *Choses dites*, Bourdieu y développe la notion d'*habitus*, définie comme du social incorporé, donc individué.

Mais en 1986, quand paraît l'article de ce sociologue, un mouvement de relégitimation de la biographie était entamé depuis quelques années. Déjà, Jean-Paul Sartre, par *L'Idiot de la famille*, avait tenté de dépasser les incohérences d'une vie, en s'efforçant de retrouver un dessin existentiel de l'ordre de la brisure, de la plaie ; une configuration névrotique capable de fonder une cohérence de l'homme. Ainsi, la clé de l'œuvre de Flaubert ne serait pas un événement traumatisant, une expérience fondatrice, ni même une succession de chocs douloureusement éprouvés mais une structure psychologique, la névrose, qui lui aurait permis de faire œuvre ; qui se serait objectivée dans l'œuvre.

Les plus grands historiens, dits alors des mentalités, ceux-là mêmes qui avaient dénoncé la biographie, n'ont pu résister à la tentation de s'y livrer, tout en s'efforçant de rénover le genre : tel est le cas de Lucien Febvre, biographe de Luther, de Georges Duby, passionné par Guillaume le Maréchal, de Jacques Le Goff, auteur d'un *Saint Louis*, nous y reviendrons.

Depuis la fin des années 1980, les historiens de la littérature et les spécialistes des sciences humaines ont multiplié les colloques — de celui de Cerisy (1989) à celui de Nîmes (1999) —, les numéros de revues — *Le Débat* (1989), la *Revue des Sciences Humaines* (1991) —, mettant ainsi la biographie en état de retour. Cela s'accordait à l'attrait exercé par tout ce qui relève de l'écriture de soi, de la révélation de l'être intime, situé au cœur de cette sphère privée qui faisait alors l'objet d'une série d'ouvrages remarquée, publiée aux éditions du Seuil, sous la direction de Philippe Ariès et de Georges Duby.

En 1988, à la suite de leur « tournant critique », les rédacteurs des *Annales*, fascinés par la *microstoria*, publiaient l'article de Giovanni Levi consacré aux « Usages de la biographie ». Se référant non plus au roman de Faulkner *Le Bruit et la Fureur*, comme le fait Pierre Bourdieu, mais au *Tristram Shandy* de Sterne, Levi souligne à son tour l'extrême fragmentation d'une existence individuelle. Mais, à ses yeux, « aucun système normatif n'est, de fait, assez structuré pour éliminer toute possibilité de choix conscient, de manipulation ou d'interprétation des règles » ; « il existe ainsi, pour chaque individu, un espace de liberté significatif qui trouve précisément son origine dans les incohérences des confins sociaux et qui donne naissance au changement social ». Avant même que Jacques Le Goff ne déclare dans *Le Débat*, en 1989, que la biographie constitue un « indispensable complément » à l'histoire des sociétés, Philippe Levillain, s'inspirant de Louis Dumont et considérant les phénomènes sociaux non comme des systèmes mais comme un agrégat de comportements, faisait remarquer que « si les individus sont modelés par les sociétés, ils manifestent des préférences (qui restent) à expliquer ». Les découvertes de la génétique, qui montrent que chaque individu est différent de tous les hommes du passé, du présent et du futur, imposent, selon lui, un retour de l'attention à la singularité.

Ces débats se déroulaient alors qu'au sein du public cultivé se révélait une soif intense de biographie. Sans doute faut-il voir là, entre autres facteurs, l'influence diffuse, comme par imprégnation, de la psychanalyse, dont, par ailleurs, le statut scientifique commençait de s'affaiblir. Ce désir insistant a stimulé le raffinement des pratiques. La culpabilité ou, du moins, le malaise ressenti par le biographe induit dès lors une série de tactiques d'évitement : recours à la collection voire au collage de textes écrits par le personnage étudié ; construction, en abyme, d'un nouvel objet constitué de la revue des figures qu'il a successivement revêtues ; analyse du couple formé par le biographe et son personnage ou des stratégies de construction de la biographie. Tout cela contribue à dessiner la configuration d'un « biographique » qui inclut toutes les tactiques de vie ordonnées par le souci d'inscription dans l'histoire ou dans la mémoire. D'où la prégnance, dans notre société, des conduites destinées à anticiper ou à verrouiller l'interprétation biographique ; d'où, aussi, la prospérité nouvelle de ces officines qui proposent à chacun de rédiger l'histoire de sa vie comme on se fait tirer un portrait photographique.

Quelle est alors l'extension sociale d'une représentation de soi distincte de la conscience d'appartenance aux groupes qui enserrent le sujet ?

Emboîtons donc le pas à ceux qui, attirés par l'histoire de la singularité, croient en la légitimité de quêtes qui relèvent d'une biographie en « état de retour ». Mais il est un autre préalable : celui qui est convaincu de la légitimité d'une recherche sur la manière dont l'histoire s'inscrit dans la subjectivité d'un individu d'une époque donnée n'en doit pas moins s'interroger sur l'intensité, chez celui-ci, de la représentation de soi et sur le maintien de la cohérence de cette identité indépendamment de tout ce qui l'enserre et l'assujettit.

Or, il se trouve qu'au cours des deux premiers tiers du XIXe siècle, les signes, les traces d'un approfondissement et d'une extension sociale de cette prise de conscience de l'identité individuelle sont nombreux. On voit ainsi se diffuser l'habitude d'inscrire dans l'histoire les représentations de soi. Pour la première fois, nombre d'individus situent leur existence dans un cadre séculaire. Rares deviennent, désormais, ceux qui ignorent la date de leur naissance et l'habitude se développe de souhaiter les anniversaires. Une individuation des systèmes d'appellation s'opère par l'élargissement de la gamme des prénoms. Le désir de personnaliser la tombe se propage. Les procédures de l'identification s'affinent et celles de l'enregistrement des êtres se multiplient et se précisent — état civil, recensement, rôles fiscaux, registres de conscription, listes électorales... — ; ce qui contribue à ancrer l'identité individuelle. La diffusion du miroir, puis du portrait et de la photographie, en attendant l'enregistrement de la voix, accentue la conscience de soi, l'attention portée à la courbe de sa propre existence et le souci de laisser une trace.

L'exacerbation du sentiment du moi, l'enrichissement des représentations du passé et, surtout, de l'avenir de soi se trouvent alors favorisés par l'indécision accrue des positions et par l'intensité de la mobilité sociale. Certes, tandis que le sentiment de la profondeur temporelle s'intensifie sous l'influence des découvertes concernant l'ancienneté de la planète et celle de l'homme, la préoccupation de l'avenir de soi dans un hypothétique au-delà s'estompe, en même temps que la croyance en la survie éternelle. Le souci du salut s'allège, tandis que s'opère un désenchantement du monde. Mais cette relative désinvolture se trouve compensée, pour ce qui nous occupe, par la subjectivisation de l'interrogation et par la confrontation, très accentuée, à l'incertitude.

Durant cette période, alors que les rites de passage individuels se réaménagent et, le plus souvent, s'amplifient et se multiplient, le folklore qui entoure le conseil de révision, les collections d'objets-souvenirs personnalisés s'ajoutent aux festivités de la première communion. Dans le même temps prolifèrent les procédures de récapitulation, qui ont pour but d'endiguer la perte de soi. Jamais, sans doute, la confession, la confidence, la correspondance et toutes les formes de l'aveu n'avaient revêtu une telle extension sociale et une telle intensité. L'élaboration d'un emploi du temps, en attendant l'usage de l'agenda, la tenue d'un journal de cure qui enregistre les aléas de la santé, la rédaction quotidienne d'un journal intime, la multiplication des autobiographies de gens ordinaires, la distribution accrue des symboles de soi — mèches de cheveux, médaillons, images pieuses personnalisées —, l'habitude grandissante d'inscrire ses initiales sur l'écorce des arbres, puis de se constituer une collection, de remplir des albums de photographies : tout cela atteste l'approfondissement de la conscience de soi.

Plus spécifique encore : le besoin de ruptures, de scansions et de repères dans l'existence individuelle stimule la pratique du voyage, incite à la diversification des expériences. Durant le premier tiers du XIXe siècle qui vit, tout à la fois, s'affermir la construction du sujet, se recomposer l'ancienne dualité du corps et de l'âme, se définir la psychiatrie, se précisent les contours d'un « mal du siècle » ; c'est-à-dire le sentiment d'une distance de soi à soi, le désir de réconciliation, d'assemblage harmonieux des éléments de l'être intime. Maine de Biran et Amiel, qui ressassent les formes du dualisme tragique du corps et de l'âme, de la méditation et de l'action, dc la solitude et de la sociabilité, de l'intelligence et de la sensibilité, illustrent particulièrement bien ce besoin d'harmonie.

L'expansion inouïe de la production et de la consommation de la fiction romanesque s'accorde à cette précision nouvelle des représentations de soi. Le roman de ce temps conduit le lecteur à accentuer la conscience de sa propre histoire de vie, cet individualisme alors si souvent dénoncé. Il permet de nommer des situations que le lecteur a vécues, d'énoncer des appartenances de soi jusqu'alors inaperçues, de « s'inscrire dans des configurations douloureuses typiques* », de mieux imaginer son propre avenir, d'éprouver de nouveaux désirs, de nouvelles attentes, de nouvelles souffrances aussi, nées de la perception du décalage entre l'analyse rendue ainsi possible de sa condition et les représentations du statut désiré. Ne l'oublions pas : l'inscription de l'histoire dans les subjectivités individuelles est soumise au dessin des ambitions. Bref, comme l'atteste la correspondance adressée aux romanciers, la lecture permet une « qualification de soi à distance, en référence aux types romanesques** » ; elle facilite, du même coup, la perception de son identité. Alors s'intensifie la conscience d'une histoire de soi, qui met en jeu les affects.

Dans cette perspective, ce qui constitue l'objet de mon propos pose à l'historien un problème crucial auquel j'ai consacré mon dernier livre, *Le Monde retrouvé de Louis-François Pinagot* : quelle est l'extension sociale d'une éventuelle histoire du sujet, lorsque l'on considère le XIXe siècle ? En quelques mots, voici ma conclusion : cette histoire se limite à des êtres qui appartiennent à une élite capable de laisser des traces relevant de l'écriture de soi et à quelques individus qui, au hasard de leur existence, ont subi l'injonction de se dire parce qu'ils ont croisé la pénalité ou la charité. C'est ainsi que les historiens utilisent abondamment les archives de la justice et celles de la philanthropie parce qu'elles jettent sur des hommes du peuple une brève lumière qui révèle, tout au plus, quelques instants de leur existence, quelques bribes de leurs émotions et de leurs sentiments.

* *Cf.* les travaux en cours de Judith Lyon-Caen.
** Idem.

Comment estimer l'influence de l'histoire sur la construction de l'identité individuelle ?

Après ces diverses interrogations préalables, venons-en, certes bien tardivement, à ce qui forme précisément notre objet : quelle est la pesée de la conscience et de la mémoire de soi sur les représentations de l'histoire, plus particulièrement de celle qui se déroule pendant le temps de vie de l'individu étudié ? Quelle influence l'irruption d'une histoire extérieure au sujet, mais dans laquelle il se sent immergé, exerce-t-elle sur les représentations de soi ?

Bien entendu, cela conduit à nous demander quelle est, pour l'individu, la marge d'autonomie de l'interprétation ; ce qui renvoie à tous les acquis de la psychologie sociale, aux découvertes des analystes des représentations collectives et des représentations sociales qui ont œuvré, pour s'en tenir à la France, depuis la publication des travaux d'Émile Durkheim jusqu'à la parution de ceux de Serge Moscovici. Comment le souvenir de soi, aux configurations sans cesse mouvantes, perpétuellement soumis à des tensions, des contradictions, des formes de ressassement, des modes de reconstruction s'articule-t-il aux cadres sociaux de la mémoire ? Comment l'histoire de soi se soumet-elle ou résiste-t-elle à celle de la famille et de la communauté, en un temps — le premier XIXe siècle — obsédé par la construction de lignages ? En un temps où, dans les campagnes — où vit la grande majorité de la population — se propage l'habitude d'inscrire la date de la fondation au fronton des maisons familiales ? Les maçons migrants venus du Limousin travailler à Paris — ce n'est qu'un exemple pour bien me faire comprendre — reçoivent différemment des ouvriers de la capitale les événements qui se déroulent dans la grande ville. Obsédés par le désir de maintenir le patrimoine, de payer les dettes de la famille ou la dot d'une sœur, ils vivent dans un autre temps, selon d'autres représentations de la durée ; ils se trouvent enserrés dans d'autres cadres de la mémoire que les travailleurs parisiens, installés dans le présent et dans des perspectives d'avenir plus réduites.

Plusieurs historiens, dont Jean-Clément Martin, spécialiste de la Vendée, et Philippe Joutard, des protestants des Cévennes, se sont consacrés à l'histoire de la construction, du cheminement souterrain, de la réactivation et du réaménagement du souvenir au sein de « ghettos mémoriels » ; ils ont montré combien ces processus complexes ont pesé sur la formation des identités. Pour qui étudie les paysans du premier XIXe siècle — c'est là un autre exemple —, l'historicité de la notion de patrimoine — concept mouvant s'il en est —, l'attention portée à l'église de la communauté, à son « trésor » et à ses cloches, l'enregistrement des usages locaux, la lente maturation de la notion de société traditionnelle constituent autant de filtres, autant d'instances médiatrices qu'il faut prendre en compte si l'on veut bien percevoir l'intrusion de l'histoire dans les subjectivités. L'irruption de la Révolution dans la conscience des habitants des campagnes, la mémoire collective de sa réception, les cycles vindicatoires qu'elle a inaugurés ne sauraient se comprendre sans de telles références à l'identité sociale et territoriale.

Là ne s'arrête pas la liste des préalables et des instances médiatrices qu'il faut établir dans la perspective de notre objet. Avant de tenter d'estimer l'inscription de l'histoire dans les subjectivités, il convient de se demander, à propos de chaque individu concerné : que pouvait-il savoir de cette histoire ? Qu'en savait-il véritablement, et grâce à quels apprentissages ? Se sentait-il concerné, et par quoi, précisément ? Les historiens, en effet, ont par trop tendance à décréter une diffusion sociale excessive du savoir historique et des intérêts qui sont les leurs. Quelle charpente temporelle sous-tendait le système de représentations du sujet étudié ?

La première moitié du XIXe siècle est un moment d'intense modification des représentations du temps, géologique, social, politique, et d'émergence d'une science de l'homme. Or, le savoir historique, tel que nous l'entendons, était, malgré cela, difficilement accessible à l'immense majorité de la population. Aussi ne faut-il pas s'étonner de l'imprécision des énoncés : « le temps des rois et des seigneurs », pour désigner ce qui est, pour nous, l'Ancien Régime ; la Révolution, perçue en bloc sans les découpes plus précises qui nous sont familières, tout au plus fragmentée en fonction d'événements locaux qui avaient marqué les mémoires. La représentation d'un Moyen Âge par le plus grand nombre était alors problématique. La perception du temps se trouvait différente selon les individus. Ainsi, la barricade, alors décisive, impliquait certaines représentations des délais, notamment la croyance en la possibilité de changer le monde en un jour, de créer, dans l'instant, une rupture radicale. Or, cette croyance était, sans doute, socialement cantonnée. À cette époque, les habitants des campagnes et les militants parisiens ne vivaient pas dans le même temps politique, ils ne concevaient pas de la même manière la longévité des régimes et ils n'éprouvaient pas le même désir de peser sur l'histoire nationale.

Bien connaître ce qui associe l'interprétation du cours de l'histoire et la construction de l'identité individuelle implique donc la connaissance des modes d'information et d'apprentissage des représentations officielles, parfois multiples, du passé. Ce qui impose de s'attarder sur l'enseignement de l'histoire — y compris de l'histoire sainte, créatrice de profondeur temporelle dans l'esprit de l'élève — tel qu'il a été dispensé et reçu ; en sachant bien que l'histoire est construction perpétuelle faite d'effacement, de résurgence, de réactivation, de réécriture. Par quels canaux l'histoire investit-elle alors le sujet ? Par l'écoute du prône du curé, du discours du maire ou de la voix des cloches, par la lecture des bulletins officiels, des affiches, des journaux, par la rumeur surtout.

Reste l'influence des expériences directement subies. L'historien doit en établir l'inventaire et se demander quelle action le sujet considéré a pu, lui-même, mener en ces occasions ; il doit savoir si celui-ci est alors intervenu pour agir sur le mécanisme même de ses assujettissements. Autant de données essentielles, dans la mesure où l'identité individuelle est le plus souvent construite et revendiquée par référence à l'expérience vécue dans le temps bref de l'événement, qui donne du relief à la vie. Nous sommes donc là au cœur de notre propos et aussi dans un domaine particulièrement difficile ; le travail de reconstitution se trouve en effet gêné par l'historicité et donc la relativité de la notion d'événement.

Il faut avant tout se garder d'expliquer les réactions de l'individu étudié en fonction de l'événement tel qu'il a été construit *a posteriori* ou d'une réalité qui n'était pas celle qui a été effectivement vécue. L'historien doit aussi s'efforcer de distinguer le choc créé par l'événement, donc sa réception immédiate, et la manière dont l'individu étudié a reçu les phases ultérieures de construction de ce même événement. Cela tend à déplacer l'enjeu de l'histoire de la quête d'une réalité vers l'analyse des effets de la reconstruction incessante de ce que l'on écrit avoir été cette réalité.

Notre propos n'est pas de nous attarder ici sur les procédures de construction de l'événement mais de nous arrêter sur le choc que celui-ci produit, choc qui transforme éventuellement en système des représentations jusqu'alors flottantes dans l'esprit de l'individu, leur permettant de s'organiser, de prendre sens et, au besoin, de déterminer l'engagement ; sans oublier qu'il faut tenir compte du désarroi éventuel engendré par les intermittences du sens que revêt un même type d'événement. Ainsi, les barricades, héroïques en 1830, selon les hommes qui prennent alors le pouvoir, sont dénoncées comme barbares en 1832 et en 1834, célébrées de nouveau en février 1848, puis stigmatisées en juin. Qui ne tient pas compte de cette intermittence ne peut comprendre les erreurs d'appréciation, le retournement des engagements, la sincérité dans l'incompréhension qui affectent cette histoire.

Il nous faut d'autant plus traquer ces événements créateurs de cohérence au sein du système de représentations du sujet étudié que cela permet d'inscrire enfin — et c'est là l'axe de ma curiosité — les sentiments et les émotions dans la démarche historienne ; notamment le désir, la liesse, l'enthousiasme, la souffrance, le désespoir et l'horreur. Afin de mieux faire comprendre comment le processus d'intégration du savoir dans les croyances et les représentations a besoin du catalyseur qu'est l'émotionnel, j'évoquerai rapidement trois expériences : la guerre, la révolution et la construction de la citoyenneté.

Je dirai peu de cette expérience essentielle, de cette brutale irruption de l'histoire englobante dans la vie des individus que constituent l'éventualité d'une guerre, son déclenchement, son déroulement, l'invasion et l'occupation. Les historiens ont montré que le déracinement associé à la vie de caserne et, plus encore, à l'expédition outre-mer, a exacerbé, au XIXe siècle, le sentiment du moi, provoqué cette nostalgie alors considérée par les médecins militaires comme une véritable maladie. La guerre, quant à elle, suscite des souffrances qui incitent à l'écriture de soi, immédiate ou rétrospective, modifient la vision du monde. En ce sens, elle est, avec l'accident brutal et la maladie grave, l'événement par excellence dans le déroulement d'une vie. La bibliographie est immense — pour s'en tenir aux ouvrages récents — consacrée à la construction d'une culture de guerre, à la brutalisation des esprits et aux nouvelles solidarités qu'elle engendre.

Mais à la fin du XVIIIe siècle, il est une autre expérience forte de l'inscription de l'histoire dans les subjectivités individuelles. En ce temps d'évolution rapide des sensibilités, la coexistence de la liesse et de l'horreur inspirées par le massacre qui ensanglante l'espace public provoque des réactions émotionnelles antithétiques, liées à la différence de structure affective des sujets impliqués. Face à une tête décapitée brandie à l'extrémité d'une pique, face à la vue du massacre, à son vacarme, à ses odeurs, le spectateur à l'âme sensible, qui prend ses distances par rapport à l'exaltation des tueurs et aux procédures de découpe et de dégradation des corps, éprouve malgré tout cette proximité ou cette éventualité de l'ignoble en soi, qui installe le sentiment d'horreur. C'est dans la chair que la simple expérience de l'événement inscrit des représentations qui pèsent, ultérieurement, sur l'interprétation de celui-ci ; quand bien même la vivacité des sentiments immédiats provoqués par cette brutale inscription dans l'histoire se trouverait contredite par la mémoire officielle, après que celle-ci a énoncé son appréciation.

La barricade — j'y reviens — constitue, me semble-t-il, un laboratoire privilégié pour l'étude de ce qui relève de notre propos. À son contact s'opère l'obscure métamorphose du citoyen en insurgé. En ce lieu et ce moment tragiques, des identités individuelles et collectives se forgent, se révèlent ou s'approfondissent. La barricade rompt avec une perception ordinaire de la durée ; elle ouvre ce temps fugace qui est expérimentation d'une façon d'exister. Du même coup, elle met en évidence les subjectivités par l'ostentation d'une échelle des attitudes. Au sommet de celle-ci se situent les meneurs, ceux qui, d'emblée, emportés par l'élan de leurs convictions, luttent dans l'enthousiasme. D'autres, craignant d'être taxés de lâches, participent pour sauvegarder leur honneur. Certains ne se donnent que partiellement au mouvement et se contentent d'accomplir des tâches subalternes qui les exposent moins directement au danger. À d'autres, les insurgés ne réclament qu'une participation symbolique. Pour certains, l'enrôlement dans les rangs des insurgés est en quelque sorte automatique parce que la barricade se trouve intégrée au cours habituel des choses, parce qu'elle n'est, parfois, qu'un prolongement de leur maison ; et l'on pourrait poursuivre l'énumération d'attitudes dont la multiplicité met en évidence la singularité.

L'étude des étapes et des modalités de la construction de la citoyenneté tend à focaliser l'attention des historiens de cette période. Elle concerne notre propos. L'enrôlement dans la garde nationale en 1830, l'apprentissage de l'acte électoral grâce à la loi du 18 mars 1831 qui rend électifs les conseils municipaux, la participation à la liesse des fêtes de souveraineté, redevenues nationales cette même année et qui constituent des occasions privilégiées de familiarisation avec la politique, tout cela modifie les sentiments d'appartenance, élargit l'horizon de soi, provoque dans la conscience l'articulation du local et du national. En mars 1848, l'instauration du suffrage universel et les apprentissages que son exercice implique, notamment celui des enjeux conceptuels supposés le fonder, couronne le processus ; elle suscite une lente individuation des convictions et des comportements politiques, lesquels, il est vrai, demeurent longtemps enserrés dans les cadres sociaux. À la fin du siècle, comme l'a montré Pierre Vallin à propos des paysans rouges du Limousin, l'exercice du droit de vote est devenu comportement identitaire, affirmation de soi.

Reste qu'en ce domaine, l'intrusion de l'histoire nationale dans les subjectivités individuelles s'effectue selon de multiples logiques, souvent déroutantes et simultanément à l'œuvre, en fonction de désirs, de formes d'anxiété voire d'angoisse qu'il faut mettre en évidence, comme j'ai tenté de le faire à propos du meurtre d'Alain de Moneys, à Hautefaye, en août 1870.

Compte tenu du temps imparti, mon exposé, plus que celle d'un bilan, revêt la forme d'une série d'interrogations, d'un programme, à peine esquissé. Le processus de construction de l'identité individuelle est soumis à de nombreux déterminants et la pesée de l'histoire englobante ne constitue, répétons-le, que l'un d'entre eux. Il n'en est pas moins essentiel de se demander comment les représentations, le souvenir et l'oubli de soi sont travaillés par l'expérience du cours de l'histoire dans laquelle l'individu se trouve immergé et par la manière dont il l'apprécie. Sans doute est-ce la façon de surmonter le paradoxe initialement souligné. Notre société éprouve une soif intense de biographie que les historiens, y compris les détracteurs du genre, s'empressent de satisfaire ; cela au moment où le statut scientifique et la légitimité de la biographie sont profondément mis en question.

À mesure que s'approfondit et s'étend la conscience de soi et l'autonomie du sujet, s'avive le désir d'aller à la rencontre de frères d'inquiétude, tout en sachant que leurs biographies constituent des projets impossibles, compte tenu de l'aléatoire cohérence du moi.

Qu'est-ce que l'histoire sociale ?

par Geoffrey Crossick

Quand a-t-on commencé à étudier l'histoire sociale ? Ceux qui recherchent le point de départ de l'histoire sociale française doivent regarder plus loin que la fondation des *Annales d'histoire économique et sociale* en 1929, et s'intéresser à ceux qui écrivirent sur le peuple dans le passé — Guizot, Michelet, Fustel. Michelet était conscient de la nouveauté de son Histoire de France, publiée à partir de 1833 : « Ici encore, je suis obligé de le dire, j'étais seul. On ne donnait guère que l'histoire politique, les actes de gouvernement, quelque peu des institutions. On ne tenait nul compte de ce qui accompagne, explique, fonde en partie cette histoire politique, les circonstances sociales, économiques, industrielles, celles de la littérature et de l'idée. » De même, ceux qui font remonter la fondation de l'histoire sociale en Grande-Bretagne au développement de l'histoire sociale et économique dans les universités au cours des premières décennies du XXe siècle devraient lire le célèbre troisième chapitre de la *History of England* de Macaulay, rédigée dans les années 1850. Dans un chapitre dense sur « L'état de l'Angleterre en 1685 », Macaulay abordait des sujets qui devaient devenir la matière même de l'histoire sociale un siècle plus tard : démographie, agriculture, groupes sociaux,

Texte de la 115e conférence de l'Université de tous les savoirs donnée le 24 avril 2000.

urbanisation, haute société, lecture, communications, salaires, et il consacrait même un passage à l'influence de la littérature française sur les écrivains anglais, chose, mon auditoire sera heureux de l'apprendre, qu'il jugeait positive. Bref, les spécialistes de l'histoire sociale exagèrent la nouveauté de leur propre profession lorsqu'ils s'avèrent incapables de voir qu'elle puise ses racines dans une tradition intellectuelle plus vaste. L'histoire de l'histoire sociale, si vous me permettez ce mot, est une histoire longue.

Cependant, ce fut au cours des premières décennies du XXe siècle que l'histoire sociale commença à connaître un essor dans le monde universitaire, où elle se trouva étroitement associée à une autre toute jeune discipline, l'histoire économique. Elle se présentait alors comme une discipline oppositionnelle, parce qu'elle remplaçait l'étude des monarques et des hommes politiques par celle des gens ordinaires et l'étude des événements par celle des processus et de la longue durée. Ses liens avec l'histoire économique furent importants avant de se distendre après l'entre-deux-guerres. Ainsi, en France, ce fut l'accent mis par les historiens des *Annales* sur les processus de longue durée, sur l'analyse des structures dans le temps, qui fit de l'analyse économique un soubassement nécessaire des processus de changement social. En Grande-Bretagne, les liens entre histoire sociale et histoire économique procédèrent d'une démarche différente : réforme sociale et économie politique, ainsi que la forte présence des femmes, qui jouèrent un rôle majeur dans l'évolution de l'histoire économique en Grande-Bretagne. En une époque de mouvements pacifistes et d'internationalisme, Eileen Power, professeur d'histoire économique à la *London School of Economics*, défendit la généralisation de l'enseignement de l'histoire sociale qui, affirmait-elle, mettait davantage l'accent sur la similitude entre les nations, que ne le faisait l'histoire politique. Dans cette intervention, je m'intéresserai à l'histoire contemporaine, que je connais mieux et, même s'il m'arrive de m'interroger sur l'expérience d'autres pays européens, je parlerai spécialement de l'histoire sociale en France et en Grande-Bretagne.

L'âge d'or de l'histoire sociale en tant que discipline fut indéniablement les années 1960 et 1970. Le développement des universités et la différenciation des disciplines, la confiance accordée aux sciences sociales qui allait de pair avec l'enthousiasme moderniste, une génération pour qui il semblait important de rejeter l'histoire traditionaliste, l'accent mis en 1968 sur l'histoire de ceux qui avaient été longtemps ignorés — les femmes, les ouvriers, les pauvres, les minorités ethniques : cet ensemble disparate de forces produisit une histoire sociale elle-même hétérogène ainsi qu'une confusion quant à la définition de la discipline, et aux méthodologies à employer.

En Europe ce qui porta l'histoire sociale de l'avant ce fut tout autant l'enthousiasme pour ce qu'elle n'était pas qu'une conception claire de ce qu'elle était. J'aimerais souligner quatre aspects majeurs.

Le premier de ces aspects était un engagement au côté de ces gens que les historiens avaient depuis longtemps négligés. Ce fut d'abord l'histoire de la classe ouvrière qui devint le terreau de la nouvelle histoire sociale en Grande-Bretagne et en France, réorientant l'étude de la classe ouvrière, des syndicats et des partis politiques vers une préoccupation pour les ouvriers eux-mêmes, leurs relations sociales et leurs cultures, et ce, sous l'égide d'un groupe éclectique d'historiens marxistes parmi lesquels Edward Thompson, auteur de *The Making of the English Working Class* (1963) et Eric Hobsbawm, auteur de *Labouring Men* (1964).

Deuxièmement, il s'agissait d'étudier ces aspects de la vie des gens que l'on avait longtemps ignorés, de se détourner de la politique pour s'intéresser à ce qui faisait la texture et les pratiques de la vie quotidienne : la famille, l'enfance et la jeunesse, la criminalité et les loisirs, la sexualité et la consommation, la boisson et le sport. Il s'agissait là d'une histoire sociale explicitement conçue « de la base vers le sommet » et, pour beaucoup d'historiens, cette récupération des vies ordinaires du passé représentait un acte d'engagement politique.

Dans une troisième dimension, l'histoire sociale était l'analyse des structures des sociétés passées. Les années 1950 et 1960 virent le développement des paradigmes marxiste et labroussien. L'accent fut mis sur les groupes sociaux, et leur composition et comportement furent perçus comme définis par les conditions matérielles. Voir l'exemple des études de la bourgeoisie, et ensuite de la distribution de la richesse, qui suivirent la thèse d'Adeline Daumard sur *La Bourgeoisie parisienne de 1815 à 1848*, où la bourgeoisie est considérée comme une donnée et sa structure interne définie par la distribution de la fortune. Le groupe social et sa place dans la structure sociale devinrent les préoccupations centrales de l'histoire sociale, et dans ce projet moderniste l'histoire sociale s'intéressait aux structures et à l'analyse globale plutôt qu'aux expériences individuelles. Dans ses propos liminaires à Saint-Cloud, Labrousse citait le mot provocateur de Lucien Febvre : « Pas l'homme, pas l'homme, encore une fois jamais l'homme ; les sociétés humaines, les groupes organisés, voilà l'objet de l'histoire. »

La Grande-Bretagne connut une espèce assez différente d'histoire sociale à la même époque, moins soucieuse de structures et de quantification que d'expériences et d'identités, et aux yeux de laquelle la réalité du groupe social devait apparaître non pas dans des tableaux statistiques mais dans les comportements et les actes. Néanmoins, en Grande-Bretagne comme en France, l'histoire sociale dans les années 1960 et 1970 trouva dans des groupes sociaux ses catégories organisatrices. En Grande-Bretagne, où l'empirisme aurait pu laisser croire que la collecte de données deviendrait un élément central de l'histoire sociale, un impératif humaniste et populiste orienta les choses dans d'autres directions. La figure qui domine est celle d'Edward Thompson dont *The Making of the English Working Class* (*La Formation de la classe ouvrière anglaise*) fut l'ouvrage d'histoire sociale britannique le plus influent de son temps. L'originalité de Thompson résidait dans sa présentation du concept de classe comme phénomène qui émergeait non de structures mais des éléments que Thompson plaçait au cœur du processus historique : action, lutte, expérience et conscience. C'était un historien marxiste pour qui les transformations liées à l'industrialisation capitaliste étaient le cadre essentiel de la formation de classe, mais il évitait l'analyse structurale et préférait mettre en évidence les détails des expériences individuelles et des événements spécifiques. Sous son aspect le plus positif, cette approche conduisit les historiens à considérer la classe comme quelque chose qui ne découlait pas simplement d'un changement économique, qui n'existait pas à la manière de strates hiérarchiques dans un ensemble statique, mais qui était fait de l'étoffe changeante des relations sociales, étoffe que les ouvriers eux-mêmes contribuaient largement à tisser. Son influence immense encouragea une multitude d'études locales, d'explorations de la culture de la classe ouvrière et une mise en évidence implicite de la fragmentation de l'expérience et de la classe ouvrière qui ne devait devenir explicite que lorsque l'analyse de classe passerait elle-même de mode. *The Making of the English Working Class* peut être considéré comme le grand ouvrage d'histoire sociale marxiste qui sapa les fondations d'une histoire sociale portant sur l'analyse structurale de classe.

L'histoire sociale avait une quatrième dimension, la plus ambitieuse de toutes : concevoir une histoire totale pour unifier une discipline qui semblait perdre inexorablement tout sens de la totalité. Dans sa *Social History of England* (1983) Asa Briggs proclama : « Pour moi, comme pour une nouvelle génération de chercheurs en histoire sociale, l'histoire sociale est l'histoire de la société. Elle s'intéresse aux structures et aux processus de changement. Rien ne lui est étranger. » La question intéressante est de savoir pourquoi ce fut l'histoire sociale qui fut reconnue alors comme la force susceptible de créer l'unité là où régnait la fragmentation. Pendant les années 1970 et 1980 cette histoire sociale plus ambitieuse s'efforça d'organiser ces intérêts pour la structure sociale, les classes, les formes de protestation et les mouvements sociaux, les structures de la richesse et de l'inégalité, le pouvoir, l'idéologie et la culture, qui avaient constitué le noyau d'une discipline toujours menacée par ses propres impulsions centrifuges.

Les années 1960 et 1970 furent pour celui qui s'intéressait à l'histoire sociale une période enivrante, celle-ci s'écartant toujours plus de l'histoire économique et s'associant de manière éclectique à d'autres disciplines. L'histoire sociale a toujours été associée à d'autres disciplines : la sociologie et la géographie au départ, puis de manière croissante l'anthropologie, l'ethnographie et la linguistique qui répondaient mieux au changement d'objet de l'histoire sociale. Le déplacement d'accent de la sociologie à l'anthropologie comme science sociale plus séduisante illustre clairement le caractère changeant du sujet qui passait de la macro-analyse à la micro-analyse, de la structure sociale à la culture. L'anthropologie aida les historiens à célébrer l'altérité et la spécificité du passé. Parallèlement, l'histoire économique changeait — se divisant en domaines d'intérêt toujours plus distincts : l'histoire des entreprises et une histoire économétrique soucieuse d'application de la théorie économique et de modélisation économique. Or, ni l'histoire des entreprises ni la modélisation économétrique n'ont fourni ce terrain favorable aux échanges que l'ancienne histoire économique plus littéraire avait offerts. Cela a eu pour effet d'accroître l'écart entre les deux champs au détriment de l'histoire sociale.

Si les années 1960 et 1970 peuvent sembler un âge d'or incohérent mais passionnant pour l'histoire sociale, les vingt dernières années ont vu le projet même d'« histoire sociale » se désintégrer. Une première critique s'est rapidement fait jour accusant l'histoire sociale d'avoir ignoré l'importance des diverses réalités vécues ; on construisit alors une histoire partant du bas qui mettait l'accent sur la vie quotidienne ordinaire. Mais la seconde étape du détachement par rapport aux approches de l'âge d'or fut différente. Sa préoccupation ne fut pas tant de souligner le fait que dans le tableau peint par l'histoire sociale beaucoup était laissé de côté, mais bien que ce qui était laissé de côté était en fait tout ce qui importait. Que les grandes analyses, les modèles structuralistes, ce que les critiques anglo-saxons en vinrent à appeler *meta-narratives* ou « méta-récits » étaient une illusion. Ainsi l'accent fut mis sur ces identités multiples, ces réalités complexes que les illusions des grandes analyses écrasaient, et provoqua des débats, comme celui entre les historiens allemands Alf Lüdtke et Jürgen Kocka autour de l'importance de la rationalité dans l'analyse historique. Cette critique n'exigeait pas nécessairement un intérêt pour le langage et le discours, ni le développement d'une critique post-moderne, mais elle créa un monde où la perte de confiance dans la grande histoire sociale facilita leur émergence et leur donna un pouvoir de conviction.

La position essentiellement moderniste de l'histoire sociale en son âge d'or consistait à apporter de grandes réponses à de grandes questions. Elle trouvait ces réponses de diverses manières, en s'appuyant sur les analyses théoriques weberiennes de l'histoire sociale allemande, les ambitions d'analyse structurelle des données en France ou les approches plus expérimentales de la notion de classe en Grande-Bretagne, mais elle était convaincue que, par le recours aux données, sources, concepts et théorie, le passé pouvait être compris. Ce n'est pas l'apparition d'une théorie postmoderniste qui sapa ces approches dans les quinze dernières années ; en fait, ce sont les doutes qu'inspiraient ces mêmes approches et qui participaient à la perte de confiance dans les projets intellectuels modernistes qui en vinrent à être qualifiés de postmodernisme et à donner naissance ensuite à une sous-structure théorique plus sophistiquée. Quelles étaient donc les inquiétudes et les incertitudes que suscitait le projet en son âge d'or ?

La première était un questionnement du caractère des données sur lesquelles se fondait l'analyse structurale sociale de grande échelle. Ces vingt dernières années ont été témoins d'une reconceptualisation des sources sur lesquelles l'analyse de données à grande échelle repose en histoire sociale ; ce qui nous a aidés à comprendre, par exemple, comment les titres professionnels, et les manières de les présenter sous forme de tableaux, ne peuvent être perçus comme émanant de la réalité sociale elle-même mais bien de préoccupations contemporaines. Cette insistance sur la spécificité et la construction historiques de ces sources qui passaient naguère pour des certitudes à classifier et analyser, a orienté notre attention vers les modes par lesquels une société façonne sa propre image à travers les données qu'elle collecte et organise.

Si les doutes concernant les sources furent l'une des forces qui sapèrent l'assurance de l'âge d'or, une autre fut les interrogations portant sur les catégories classiques de la discipline. Les paradigmes de l'histoire sociale dans ses années de prospérité opéraient sur l'échelle des structures, des classes, des groupes sociaux, et cette vision s'est dissoute dans les années suivantes. Alors que pendant l'âge d'or Thompson et d'autres commençaient à se focaliser sur le détail des identités et le rôle de l'action humaine dans la construction de ces identités les bases étaient posées d'un travail de sape des grands concepts par le biais d'un examen microscopique des caractéristiques de l'expérience. Les années récentes ont non seulement vu la déconstruction empirique de la classe comme catégorie, avec la mise en évidence de la diversité des identités, mais aussi sa déconstruction théorique sous les coups du post-structuralisme et du postmodernisme. Ainsi l'historien britannique Patrick Joyce soutient que « la sagesse reçue est devenue en fait un poids mort, la fixation sur la classe nous interdisant d'avoir [...] d'autres perceptions de l'ordre social ».

Ce processus de changement de paradigmes peut être observé dans l'évolution des travaux sur la bourgeoisie. Dans les années 1960 l'ouvrage caractéristique était celui d'Adeline Daumard sur Paris, qui catégorisait les strates internes de la bourgeoisie par une analyse quantitative de la richesse et des professions. Agulhon avait montré en quoi les formes de sociabilité étaient cruciales au développement de la bourgeoisie, et Thompson et Agulhon avaient préparé le terrain pour des approches plus ethnographiques et plus culturelles centrées sur l'activité des classes en général et donc de la bourgeoisie. Avec le travail de Morris en Grande-Bretagne et de Chaline en France, la bourgeoisie apparut alors comme une phénomène plus complexe, qui n'était pas simplement le résultat de processus économiques mais qui devait être construit. L'étude méticuleuse de Leeds au début du XIXe siècle faite par Morris explorait comment une classe moyenne divisée fondamentalement par la politique, la religion, l'activité professionnelle et la richesse en était venue à se percevoir et à se comporter comme une seule classe sociale. Morris plaçait l'acte associatif au cœur de la manière dont la bourgeoisie de Leeds en vint à exister non en tant que catégorie mais en tant que classe. Enfin, *Imagining the Middle Class*, de l'historien américain Dror Wahrman, se détourne des structures économiques et sociales, ainsi que des relations sociales, et soutient que la classe moyenne britannique se forma dans les débats qui accompagnèrent la réforme politique en Grande-Bretagne au début du XIXe siècle. La classe moyenne, pour Wahrman, était construite dans le discours en tant que catégorie morale et politique, ce qui inventa un groupe social. Il ne voit pas dans le récit grandiose de l'essor d'une nouvelle classe une description de la société mais une justification de la réforme politique. La classe est devenue une formation essentiellement discursive. L'étude évolutive de la bourgeoisie européenne nous présente ainsi l'évolution des paradigmes de l'histoire sociale.

Les deux dernières décennies ont vu l'abandon de ce que les écrivains anglo-saxons ont appelé « les grandioses récits » de l'histoire sociale. Lorsque F.M.L. Thompson en vint à structurer sa *Cambridge Social History of Britain* en trois volumes au début des années 1980, il décida que classe, relations sociales, sexes et conflit social figureraient uniquement sous des thèmes plus précis, alors que jadis encore ils auraient constitué l'armature de l'ouvrage. À la fin de cette décennie, un univers social bien plus complexe, des acteurs et des identités multiples apparaissaient au grand jour. Nous voyons cette accentuation nouvelle sur l'hétérogénéité des relations personnelles dans le recueil d'essais publié sous la direction de Bernard Lepetit, *Les Formes de l'expérience. Une autre histoire sociale.* Nancy Green dans cet ouvrage dit avoir recherché « une analyse qui n'enferme pas les acteurs dans les catégories réifiées », mais qui reconnaît néanmoins les structures et les contraintes qui les enserrent. L'accent mis sur le particulier devenait dorénavant le moyen de construire la compréhension sociale.

Les variables que manipule le chercheur en histoire sociale ont changé. Il est passé de variables comme la démographie, la classe, l'économie, la technologie et la géographie, à un nouvel ensemble d'où l'économie et la technologie ont presque disparu, où la classe et la géographie ne sont plus que leurs représentations, où les variables-clefs sont la culture, la représentation et les identités. L'histoire des femmes a joué un rôle crucial dans cette évolution et a fait glisser l'attention des catégories stables comme les hommes et les femmes vers des identités plus fragiles et contestées liées au *gender*, à l'identité de sexe. Plus récemment, les forces conjointes du tournant linguistique et du postmodernisme ont posé un défi aux bases épistémologiques de la recherche en histoire sociale dans les pays anglo-saxons. Mais le défi le plus important qui se pose à l'histoire sociale s'inscrit au cœur de ces processus : il s'agit de la décentralisation et de la fragmentation du « social » en tant qu'objet d'analyse. Les identités ont remplacé les structures au cœur de la discipline, et ces identités sont non seulement multiples, instables et fragiles mais, selon les nouvelles orthodoxies, elles ne sont construites que de manière discursive. Nous sommes loin de l'analyse des groupes sociaux, sans parler de leurs fondements économiques.

Les préoccupations de l'*Alltagsgeschichte* en Allemagne et celles de la *microstoria* en Italie différaient à la fois en termes de sujets d'enquête et de bases conceptuelles, mais elles illustrent le défi lancé à l'ambitieuse histoire sociale de son âge d'or. L'*Alltagsgeschichte* recherchait une compréhension plus qualitative de l'existence quotidienne, une compréhension atteinte par ce que Hans Medick appelait « les modes ethnologiques du savoir ». L'attention portée à l'expérience subjective et aux significations à un niveau micro-historique permettrait de mieux comprendre les ambiguïtés des vies et de mieux répondre aux grandes questions. De même, on trouve dans la *microstoria* italienne une critique systématique de l'histoire sociale et une présentation d'une méthodologie et d'une épistémologie alternatives. Au tout début du mouvement, Ginzburg et Poni demandèrent que l'histoire en Italie s'affranchisse davantage par rapport aux *Annales* pour se centrer sur l'histoire ethnographique de la vie quotidienne. Grâce à un groupe d'historiens réunis autour de la revue *Quaderni Storici* dans les années 1980, la *microstoria* apparut pour redéfinir une compréhension des phénomènes sociaux du passé par la reconstruction de trajectoires et de relations individuelles, et de petits groupes.

Il y a eu un changement de conception de la façon dont la réalité sociale pouvait être appréhendée par l'historien d'histoire sociale. Un changement d'équilibre entre l'appréhension de la réalité sociale par l'étude de structures et d'agrégats sociaux de grande échelle d'une part, et son appréhension par l'étude des stratégies des acteurs individuels d'autre part. À ces deux conceptions il nous faut en ajouter une troisième qui consiste à nier toute possibilité de reconstruction de la réalité sociale du passé indépendante des discours qui la construisent. Selon les mots de l'historien anglais James Vernon, il faut parvenir à « une conceptualisation du “social” comme construction discursive ».

L'histoire sociale a éclaté en une myriade de sous-disciplines caractérisées chacune par ses propres spécialistes : histoire rurale, histoire des femmes, *gender history*, histoire orale, histoire culturelle, histoire démographique, histoire de la famille, histoire sociale de la médecine, etc. Ce ne sont pas choses nouvelles, mais elles se considéraient auparavant comme parties intégrantes d'un « projet d'histoire sociale ». À présent, le projet a disparu et avec lui, la force analytique du « social » permettant de les lier ensemble. La professionnalisation de l'activité de recherche s'est trouvée confrontée à la dissolution des grandes ambitions de l'histoire sociale. Cela a provoqué la fragmentation de la discipline.

Les diverses tendances actuelles en histoire sociale que je viens d'esquisser n'ont peut-être pas grand-chose en commun, sinon le fait d'illustrer une chute du haut des sommets enivrants des années 1960 et 1970. Il suffit de jeter un regard à l'éditorial du tout premier numéro de la revue britannique *Social History* en 1976, texte enthousiaste et fourmillant d'idées, célébrant la portée et l'éclectisme de cette matière, et rêvant d'une histoire sociale qui serait bien plus qu'une simple sous-discipline. Puis de le comparer à l'éditorial du cinquantième numéro en 1992 où une présentation défensive évite toute tonalité de manifeste et même toute tentative d'évaluation du progrès de la discipline. Bel exemple d'éditorial incertain pour des temps d'incertitudes. Ce que j'ai appelé perte de confiance est peut-être plus exactement une perte de confiance en une vision particulière de l'histoire sociale. Il est clair que nous ne pouvons pas imaginer un retour à cette vision de l'histoire sociale pas plus que nous ne pouvons imaginer un retour au cadre culturel, politique ou idéologique où elle s'est développée.

Bien sûr nous pouvons regretter certains aspects de ce que nous avons perdu. La capacité d'enraciner l'analyse sociale dans l'économique par exemple, ainsi que la possibilité d'explorer les structures des relations sociales. Mais nous pouvons célébrer combien notre appréhension des sociétés passées est devenue plus sensible aux matériaux grâce auxquels nous découvrons ces sociétés, leurs représentations d'elles-mêmes, la construction et la reconstruction des identités, et le défi que pose la micro-analyse à notre conceptualisation de la macro-analyse. Les disciplines ne demeurent pas inertes. Selon le mot de Daniel Roche au colloque de la rue d'Ulm il y a une douzaine d'années, ce qui définit le pouvoir du social comme forme d'investigation historique, c'est qu'il est « une mise en relation ». Ce qu'il faut à présent, c'est la capacité de reconstruire les relations. L'histoire sociale a un don redoutable pour le nombrilisme. Récemment nous avons vu le colloque de la rue d'Ulm en 1989, le « tournant critique » des *Annales* la même année, le débat concernant le tournant linguistique, et une multitude de publications. Tandis que colloques, revues et livres ont démontré en France une réelle capacité d'analyse, le débat parallèle en Grande-Bretagne s'est réduit à une dispute acerbe sur la construction discursive du passé, un conflit manichéen qui a paralysé le débat sur l'histoire sociale, et qui réduit la possibilité de développement de ces « mises en relation ».

L'histoire sociale serait-elle donc en mutation, d'où elle devrait un jour sortir stabilisée ? A-t-elle un avenir ? Antoine Prost a écrit avec prescience en 1992 que l'histoire sociale « est une construction historique ; elle a eu un commencement et il se peut qu'elle ait une fin ». Nous ne pouvons pas reconstruire une ancienne histoire sociale, ni sa problématique ou ses méthodes. Quel que soit notre scepticisme concernant certaines tendances historiques et épistémologiques actuelles, nous avons perdu l'innocence de l'âge d'or moderniste de l'histoire sociale, perdu notre foi candide dans nos catégories, nos données, notre lecture, nos structures analytiques. L'histoire sociale, au sens large, demeure très populaire et même féconde. Cependant comme elle se fragmente en ses éléments constitutifs, comme elle sape la base conceptuelle des recherches passées, comme elle renonce aux méta-récits et aux grandes ambitions, comme elle dissout le concept même de social, nombreux sont ceux qui se seraient jadis définis comme chercheurs en histoire sociale et qui aujourd'hui ne considèrent plus qu'ils travaillent dans le cadre d'une discipline unitaire. Dans un discours célèbre Léon Blum, s'adressant à ses camarades sur le point de quitter la SFIO au Congrès de Tours en 1920, leur dit : « Pendant que vous irez courir l'aventure, il faut que quelqu'un reste garder la vieille maison. » Reste-t-il aujourd'hui quelqu'un pour garder la vieille maison de l'histoire sociale ? Ou devrions-nous jeter un regard en arrière empreint d'amour et de nostalgie, fermer la porte, et rêver à de nouvelles demeures ?

[Traduction Jean-François Sené]

L'histoire vue d'ailleurs

par ABDALLAH LAROUI

Si je vous pose la question : Quand est née la science ? Vous me répondrez : au XVIIe siècle, ou au XVIIIe siècle, ou du temps des Grecs, selon le degré de votre familiarité avec le sujet, mais vous me répondrez tout de même et sans hésiter. Tandis que si je vous demande : Quand est née l'histoire ? Il y a de fortes chances pour que vous répliquiez : Qu'entendez-vous par là, l'histoire histoire, l'histoire écrite, l'histoire scientifique ?

Notre propos aujourd'hui est d'élucider cette différence de réaction envers les deux concepts : celui de science qui nous semble clairement défini et celui d'histoire qui paraît, et sans doute est, fondamentalement équivoque et cela quelle que soit la langue utilisée ou la culture considérée. Pour moi il ne s'agit pas tant de vous entretenir de l'histoire vue d'ailleurs, sous-entendu d'un point de vue non occidental, bien que cela soit en partie vrai, que vue autrement, actuellement, par tous ceux qui observent l'évolution de notre monde en constante uniformisation.

Il est significatif que tout questionnement au sujet de l'histoire prend immédiatement l'allure d'une agression. En fait, dès qu'on réfléchit un instant sur le terme, en n'importe quelle langue, on se rend immédiatement compte qu'il est

Texte de la 116e conférence de l'Université de tous les savoirs donnée le 25 avril 2000.

équivoque, fait souligné depuis longtemps, mais surtout qu'il nous prédispose à poser certaines questions au détriment d'autres. Dans les langues latines, par exemple, le mot réfère à un récit et par là même attire l'attention sur l'aspect littéraire, la technique de narration, la qualité de style, alors qu'en arabe le mot *tarikh* désigne la chronologie, le comput, la datation et dirige notre regard vers l'administration, la justice, l'astrologie ; ce que le jurisconsulte français du XVIe siècle Jean Bodin appelle l'histoire mathématique.

Réfléchir sur le mot c'est déjà méditer sur la chose si précisément l'entreprise ne rencontrait pas tant d'obstacles. On naît dans la tradition d'une civilisation, d'un État, d'une ethnie, d'une classe, d'une lignée, etc., et par l'éducation on adopte une « mémoire » qui a été formulée et reformulée au cours de plusieurs générations. Même quand on se spécialise, qu'on est au courant des secrets du métier, on ne sort pas de la tradition : on devient archiviste, éducateur, défenseur des droits, on acquiert des connaissances plus vastes et plus précises, on se familiarise avec des méthodes inédites sans jamais remettre en question une certaine vision du passé, le sien et celui des autres, qui est à la base de l'esprit public.

Il est vrai que chaque communauté connaît des disputes, des controverses et l'historien prend parti pour l'un des deux camps. On a même remarqué que c'est là où la lutte est la plus âpre, la plus longue, que les études historiques font les plus grands progrès. Mais on a aussi remarqué que plus les procédures se précisent et se diversifient, plus la substance a tendance à se maintenir tout en se stylisant.

Tous les livres d'historiographie commencent avec Thucydide en soulignant que son esprit critique a été réveillé par le fait qu'il faisait le récit d'une guerre civile opposant la démocratie athénienne à l'aristocratie incarnée par Sparte. Ce fut là, dit-on, la première occasion favorable à la naissance de l'histoire scientifique. N'avons-nous pas là, et la première occasion et la dernière, le début et la fin ? Quand on suit le développement de ce type d'histoire à travers la République romaine et ses factions, la commune de

Florence avec ses Guelfes et ses Gibelins, l'Europe de la Réforme avec ses protestants et ses catholiques, les révolutions modernes avec leurs républicains et leurs monarchistes, nous constatons certes une permanence, mais de quoi au juste ? À chaque étape, l'histoire qui est racontée est plus riche, plus détaillée, mieux documentée, mieux mise en scène, pourrait-on dire en pensant à Michelet, mais n'est-ce pas la même pièce ? Qu'est-ce qui change et qu'est-ce qui se maintient ? Que recouvre le mot « histoire » dans l'esprit du lecteur ? Dire que l'histoire est celle de la lutte des classes, est-ce une vérité qu'on appréhende directement ou bien qu'on déduit du fait qu'à chaque étape l'historien a recours au même modèle dramatique même s'il le fait à la suite et au nom d'acteurs chaque fois nouveaux. Depuis deux siècles qu'on écrit la Révolution française on n'a pas vraiment répondu à cette question*.

Ce que nous avons présenté ici comme un exemple parmi d'autres est en réalité l'axe principal de la pensée historique en Occident. Prononcez le mot histoire et les souvenirs scolaires se bousculent à votre esprit et ce sont ceux à quoi nous venons de faire allusion. Tout dernièrement, à l'occasion de la candidature de la Turquie à l'Union européenne, on a bien vu à l'œuvre ce concept bien particulier qui n'est ni celui des historiens ni celui de l'homme de la rue mais celui de la conscience collective, que nous appellerons désormais concept traditionnel, en Occident bien entendu, et dont nous nous proposons de montrer qu'il est restrictif dans l'absolu, à l'égard du reste du monde mais aussi à l'égard de la réalité européenne elle-même.

Comment le caractériser ? Contentons-nous de quatre traits distinctifs :

— L'histoire est celle de l'homme qui agit, qui conçoit et prévoit, qui parle et écrit. D'où la prééminence dans ce type d'historiographie de la politique, de la stratégie, de la parole raisonnée. L'historien est perçu comme le secrétaire

* François Furet, *Penser la Révolution française*, Paris, Gallimard, 1978 ; Alfred Cobban, *Le Sens de la Révolution française* (1964), trad. fr., Paris, Julliard, 1984.

du héros qui est par principe un stratège et un orateur. Tout ce qui est passif, inarticulé, naturel est décrété ahistorique. Et immédiatement se présente à notre esprit une question qui nous hantera tout au long de notre discussion. Ce qui a été négligé par l'histoire traditionnelle — consciemment ? inconsciemment ? toute la difficulté est là — mérite-t-il d'être récupéré par des moyens détournés et élevé au niveau de l'historique ? Est alors remise en cause la validité de ce qu'on a appelé à chaque étape du progrès méthodologique la « nouvelle histoire ». Nouvelle connaissance ? Oui ; nouveau domaine d'investigation ? Sans doute ; nouvelle histoire ? Voire. Les philosophes se sont révoltés contre la domination du « sujet » et ont déclaré non scientifique ce qui n'est pas processus indépendant de la conscience ; ils ont soit refusé de reconnaître la prééminence de l'histoire sur les autres sciences humaines, soit remis l'histoire elle-même sur ses pieds*. Force est de constater aujourd'hui que l'entreprise a échoué non seulement auprès des historiens de métier mais aussi auprès du lecteur en général. Plus l'historien se détourne du « sujet », parlant d'objets de moins en moins familiers, plus le lecteur se détourne de lui au profit du journaliste, du « diariste », du romancier. Et si le concept traditionnel est sorti indemne du procès qui lui a été fait, c'est qu'il est le socle de la conscience commune.

— L'histoire est une continuité. Que l'objet d'étude soit une culture comme chez Hérodote, un empire comme chez Tite-Live, une dynastie comme dans l'historiographie médiévale, une civilisation comme chez Voltaire, un parti comme chez Macaulay, cet objet est appréhendé sous l'angle d'une évolution plus ou moins organique, à tel point qu'on a pu dire que toute histoire est biographique**.

— En combinant unité et continuité nous sommes amenés à conclure que l'histoire qui mérite d'être racontée

---

* Claude Lévi-Strauss, *La Pensée sauvage*, Paris, Plon, 1962 ; Roland Barthes, *Essais critiques*, Paris, Seuil, 1964 ; Louis Althusser, *Lire le Capital*, Paris, Maspero, 1968.

** Idée chère à W. Dilthey et à Jacob Burckhardt. Voir commentaire dans R. Collingwood, *The Idea of History* (1946), Oxford, OUP, 1961.

se déroule à un niveau bien déterminé qui n'est pas nécessairement celui de la conscience mais qui, en toute hypothèse, est humain, et par rapport auquel on distingue le supra et l'infra-humain qui appartiennent, eux, à d'autres formes de connaissance. La mythologie n'est pas plus une histoire des Dieux que l'histoire naturelle n'est celle des animaux. Pas d'histoire sans représentation, c'est-à-dire sans parti pris anthropomorphiste.

— Par là l'histoire impose à celui qui la pratique sa propre temporalité qui est en réalité celle de l'expérience quotidienne. On peut toujours décaler le point zéro d'un calendrier (Olympiades, fondation de Rome, vie du messie Jésus-Christ ou du prophète Mahomet, etc.), on peut croire, vraiment ou à moitié, que l'histoire se terminera un jour, mais entre ces deux dates nécessairement relatives il n'y a pas d'histoire qui ne soit chronologie soutenue par l'évidence.

Ainsi caractérisée, l'histoire semble être avant tout une forme rhétorique. Ce n'est pas un hasard si depuis une vingtaine d'années on a redécouvert d'anciennes analyses, à commencer par celle d'Aristote. Ceux qui parlent aujourd'hui d'épistémologie sont en général de formation classique alors qu'auparavant ils étaient des médiévistes et avant eux des spécialistes de la période moderne.

Dans cette perspective, commune à toutes les cultures classiques mais que l'Europe qui l'a hautement illustrée feint de croire qu'elle lui est spécifique, l'histoire est une forme d'appréhension qui s'applique tout naturellement au passé mais qui peut aisément s'annexer le présent et le futur pour les convertir à sa loi, c'est-à-dire les présenter sous forme d'advenu*.

À mesure que l'histoire est assurée de ses procédures, elle devient de plus en plus impérialiste en deux sens différents. Nous connaissons ses démêlés avec les autres disciplines qu'elle se plaît à appeler auxiliaires. Elle s'immisce

* Beaucoup de romans de science-fiction sont des romans historiques inversés.

dans chacune d'elles et la fait éclater de l'intérieur. On l'a même vue s'attaquer à la science physique pour y introduire relativisme et anarchisme avec sa théorie des paradigmes*. Ce n'est pas cet impérialisme interne qui nous intéresse ici mais l'autre, externe, celui qu'elle — la tradition historique occidentale — dirige contre d'autres traditions pour en faire de simples objets de sa propre investigation ; impérialisme qui manifeste son inconscience que ces traditions ont pu suivre d'autres voies ou la même que la sienne avec plus de résolution.

Certes, la tradition occidentale s'est édifiée par annexions successives (est-ce l'Europe occidentale qui s'est annexé la Grèce antique ou le contraire ? C'est là un autre problème épineux), mais l'histoire occidentale moderne commence bien par une annexion spectaculaire, celle de l'Égypte ancienne. Il suffit de visiter l'une des nombreuses expositions, toujours populaires, dédiées à la civilisation pharaonique pour voir à quel point celle-ci semble maintenant faire partie de la conscience européenne plus clairement que de celle de l'Orient contemporain.

C'est le même mouvement d'annexion qui a abouti à l'imposant édifice de l'orientalisme. Il ne sert à rien de nier les liens de ce dernier avec la colonisation car cela ne préjuge en rien de sa valeur scientifique et de son rôle historique. La meilleure preuve que ce lien existe est que l'orientalisme a perdu de son innocence, que la théorie de l'histoire qui lui servait de fondement a commencé à être discutée à mesure que la décolonisation progressait**.

Un point mérite cependant d'être souligné. Nous parlons de la tradition historique occidentale ; en vérité elle est édifiée chaque fois à l'intérieur d'un pays déterminé. Il y a par exemple un Machiavel italien, un autre français, un

* Thomas Kuhn, *La Structure des révolutions scientifiques* (1962), trad. fr., Paris, Flammarion, 1983.

** K.M. Pannikar, *L'Asie et la domination occidentale*, Paris, Seuil, 1954 ; Mohammed Cherif Sahli, *Décoloniser l'histoire*, Paris, Maspero, 1965. On ne peut nier l'influence du nationalisme extra-européen sur la pensée d'Arnold Toynbee.

autre encore allemand. Dans chaque histoire nationale le même concept est à l'œuvre, la même forme d'expression est mise à contribution, mais le résultat n'est jamais tout à fait le même ; il n'y a pas de Michelet anglais comme il n'y a pas de Macaulay français. C'est en Allemagne qu'est né le concept d'histoire universelle, qui fut d'ailleurs très vite critiqué ailleurs, et quand Léopold von Ranke écrivit une histoire des peuples germaniques et latins, son ouvrage ne fut pas bien accueilli, ni en Angleterre ni en France.

Mais si la notion d'histoire élaborée à partir des mêmes critères n'a pas pu être généralisée aisément au niveau de la seule Europe occidentale (ne parlons pas de celle du sud et de l'est), comment pouvait-on espérer l'appliquer telle quelle à des peuples plus éloignés encore ? On voit bien qu'une telle tentative n'aurait jamais pu être envisagée en dehors de la situation de suprématie créée par la colonisation. Jean Bodin pouvait encore reconnaître que les Arabes avaient initié la géo-histoire, Voltaire pouvait encore dire qu'avec un meilleur gouvernement la Perse était capable de retrouver sa splendeur d'antan, mais pour Marx aussi bien que pour Tocqueville, l'Orient a été définitivement condamné par l'histoire. Chaque peuple colonisé était voué à une mort inéluctable par l'historien occidental qui pouvait en toute bonne conscience s'annexer son passé à l'image de ce qu'il avait déjà fait pour les peuples de l'Antiquité.

C'est dans le cadre de l'Unesco, institution internationale ouverte aux peuples non européens, que le concept d'histoire hérité de la tradition occidentale a montré ses limites. On l'a bien vu quand on a confié à d'éminents spécialistes le soin d'écrire une *Histoire de l'humanité*. L'entreprise a immédiatement rencontré d'insurmontables obstacles et il a fallu publier tel quel le résultat d'années d'efforts, qui était loin d'être satisfaisant. Il ne s'y trouvait pas une seule page qui témoignât que l'humanité avait eu une seule et même histoire.

Si nous adoptons sans réserve le concept d'histoire décrit plus haut, si nous appliquons aveuglément la méthode qui en découle, de qui et de quoi parlons-nous quand nous écrivons l'histoire des grandes découvertes, de la conquête de l'Amérique, de l'ouverture de la Chine, du partage de l'Afrique, etc. ? Comparons ce qu'on a avancé depuis un siècle sur le Japon d'un côté, sur la Turquie ou l'Iran de l'autre. On constate ici et maintenant les succès économiques et technologiques du premier et tout naturellement on recherche ce qui dans son passé rappelle ce qu'on sait de l'Europe pré-industrielle (féodalisme, bureaucratie, fiscalité, institutions religieuses, écoles de pensée, éthique sociale, etc.). En revanche, on observe les difficultés des deux pays musulmans à s'adapter à la modernité et on ferme les yeux sur tout ce qui ne fait pas obstacle à ce processus. N'y a-t-il pas là une sorte de cercle méthodologique ? On peut certes le justifier *a posteriori* dans le cadre d'une théorie générale de l'historicisme, c'est d'ailleurs la position que j'ai défendue dans plusieurs ouvrages, mais pas avant d'avoir tiré au clair toutes les ambiguïtés que contient le concept traditionnel d'histoire.

Une des premières victimes de la décolonisation a été ce concept-là qui a tellement servi l'impérialisme tout en s'en servant pour se donner bonne conscience. Relisons certaines pages de Montesquieu sur l'Orient, de Macaulay sur l'Inde et même sur l'Irlande, de Burckhardt sur l'Islam, d'Engels sur les Slaves, etc., pour être convaincus que la décolonisation de l'histoire est une entreprise toujours en progrès. Partout, on continuera à mettre en question les évidences des autres.

C'est la volonté de l'Afrique sub-saharienne d'avoir une histoire qui soit vraiment la sienne qui a posé de redoutables problèmes aux épistémologues. Qu'est-ce qu'est au juste la préhistoire ? Est-elle une notion chronologique ? Est-ce une structure atemporelle ? Lorsqu'on écrit l'histoire d'une société avec seulement les techniques de l'archéologie, n'en déforme-t-on pas nécessairement la perspective ? Il ne suffit pas de répliquer : « Nous manquons de documents. Nous ne pouvons pas aller au-delà. » Cela est la réponse de l'assistant technique. Ce dont il s'agit, c'est de ne pas appeler histoire ce qui ne l'est pas, c'est de s'entêter à vouloir obtenir une histoire selon ses propres prescriptions*. Peut-on croire un seul instant qu'une société puisse se convaincre qu'elle n'a pas d'histoire, ou que la sienne est froide, simplement parce qu'elle n'offre pas des archives d'un type déterminé ?

L'Afrique sub-saharienne a posé avec force un autre problème, celui de la valeur documentaire du témoignage oral, ou plus précisément du poids de l'histoire d'un groupe humain confiée à la seule mémoire. Quelle est la différence entre une documentation mémorisée organisée dans le cadre d'une profession bien structurée et une autre confiée à l'écrit sous la garde d'une profession somme toute comparable à la première ? C'est cette équivalence fonctionnelle qu'a voulu affirmer le regretté cheikh Hampaté Ba lorsqu'il a prononcé sa fameuse sentence : « Un vieillard qui meurt c'est une bibliothèque qui brûle. » L'histoire en tant que forme rhétorique change-t-elle la nature du récit oral lorsqu'elle en fait un prédocument, c'est-à-dire qui doit attendre d'être écrit pour être pleinement valable ?

Cette problématique nouvelle a amené beaucoup de chercheurs à découvrir ou redécouvrir qu'elle n'était nullement spécifique à l'Afrique, ni hier ni aujourd'hui. Des critiques littéraires s'étaient depuis longtemps penchés sur l'origine de l'épopée en Grèce, en Scandinavie, au Caucase ; de nouvelles voies s'ouvraient ainsi pour comparer l'épopée et l'histoire en tant que types de mise en forme du message oral, ce qui confirmait que l'histoire, telle qu'elle est pratiquée en Occident, est essentiellement une rhétorique**.

D'autres chercheurs se sont souvenus qu'une autre tradition, celle de l'Islam, avait établi des règles très strictes pour consigner le témoignage oral avant de lui assigner une valeur normative. La méthodologie du *Hadith* (tradition orale concernant les premiers siècles) aboutissait à une conception de l'histoire, à la fois comparable et différente de celle qui a fondé la tradition occidentale.

* C'est ce que ressent tout professeur d'histoire non occidental lorsqu'il doit commenter l'adage : pas de document, pas d'histoire.
** Georges Dumézil, *Mythe et épopée*, Paris, PUF, 1968.

La même réflexion a permis de détecter toute une partie de l'activité humaine que l'histoire traditionnelle échoue à exprimer adéquatement, celle des exclus, des sans voix, ceux qui sont hors forme. L'histoire immédiate qui est conçue à partir du document écrit n'est pas toujours synonyme de l'histoire orale portant sur le même sujet.

Il faudrait parler aussi de l'expérience des chercheurs indiens et amérindiens travaillant non plus dans des sociétés où l'écrit est relativement nouveau mais au sein d'immenses mégapoles qui échappent au pouvoir central et qui trouvent néanmoins le moyen de s'auto-organiser. On fait face ici à de nouvelles formes de sociabilité qu'aucune discipline de recherche particulière n'arrive à cerner. Ces chercheurs parlent d'histoire alternative qui combine les exigences indiquées précédemment : immédiateté, exclusion, oralité ; une histoire qui s'édifie aujourd'hui à côté de l'autre, qui ne s'exprime pas dans les mêmes formes et ne peut être dès lors appréhendée selon les mêmes modèles*.

On voit bien que sans la décolonisation, toutes ces questions n'auraient pas pu être posées avec la même netteté et la même rigueur, si elles devaient l'être un jour. L'historien occidental, ou son disciple oriental, aurait feint de croire qu'il s'agit de nouveaux domaines qui s'ouvraient à l'investigation et qu'il suffit d'un peu d'imagination pour que les règles classiques s'appliquent à la réalité nouvelle.

Après l'Afrique sub-saharienne, après l'Inde et l'Amérique, venons-en à l'Islam puisque c'est lui qui pose à la conception traditionnelle de l'histoire le défi le plus redoutable. J'imagine que la Chine classique aurait son mot à dire, mais où pouvons-nous l'écouter ? Dans les Universités américaines ? À Taiwan ? Sous le langage de la Chine officielle ?

Contentons-nous de l'Islam puisque c'est sa voix qu'on entend, amplifiée peut-être à dessein par les moyens de communication, en prenant bien soin de ne pas en tirer

---

* *Alternative Histories and Non-written Sources: New Perspectives from the South.* Workshop in La Paz, Bolivia, May 12-15, 1999.

des conclusions extrêmes. Le concept d'histoire est central en Islam et il est à la fois proche et différent de celui de l'Occident ; il est plus limité et plus profond tant que nous parlons de l'histoire de l'homme rationnel, qui agit et qui parle, qui entreprend et qui espère. Si l'Islam pose à l'Occident un redoutable problème — l'inverse étant tout aussi vrai — c'est qu'il y a eu colonisation et décolonisation dans les deux sens et que dans les deux cas ni l'une ni l'autre n'y prit le visage qu'elle eut ailleurs. Il ne s'agit ni d'effacer artificiellement cette différence ni d'exalter et de parler d'une guerre de civilisations*. Il y a différence, opposition, débat, conflit, mais il n'y a pas, il ne saurait y avoir de guerre dans la logique même du concept d'histoire que chacun des deux protagonistes a hérité et défend aujourd'hui. Le conflit latent entre les deux est à la fois intérieur et extérieur à chacun et c'est ce qui permet de voir l'histoire autrement et donc de l'enrichir.

La faiblesse congénitale de l'orientalisme classique est qu'il n'a pu voir l'Islam, malgré la bonne volonté de beaucoup de ses représentants, que de l'extérieur. Les Occidentaux ont souvent reproché à l'Orient de n'avoir pas fondé une science de l'autre, un « occidentalisme », et ont voulu voir dans cette carence une marque indélébile d'infériorité. Quoi qu'on puisse penser de cette critique, on peut néanmoins soutenir sans tomber dans le paradoxe qu'elle n'est que l'ultime conséquence du préjugé orientaliste. L'apparition d'un occidentalisme, tel que l'auraient souhaité les Occidentaux, aurait justifié *a posteriori* l'entreprise orientaliste et lui aurait même reconnu définitivement la primauté. Dans l'état actuel des choses, les deux sciences seraient des sous-produits de l'historicisme occidental. Le silence apparent de l'Islam met visiblement mal à l'aise l'Occident parce qu'il semble relativiser ses exploits**.

---

* Roman Hersog, *Preventing the Clash of Civilizations*, New York, Saint Martin's Press, 1999. Réponses à Samuel Huntington, *The Clash of Civilizations and the Remaking of World Order*, New York, Simon and Schuster, 1996.

** Est visé l'Islam sunnite qui manifestement évite le débat théologique.

La tendance de chacun est de rester fidèle à sa tradition. L'Islam s'étudie selon ses procédures constamment rappelées, réaffirmées, et l'Occident fait de même. Dans ces conditions, chacun perpétue son être ; une conscience plus claire de soi signifie une plus grande pureté. L'historicisme est alors la voie royale vers l'intégrisme ; les deux ne formant en réalité qu'un seul concept. Cela est évident dans le cas de l'Islam ; puisqu'il se fait une gloire de résister seul à l'usure du temps*. C'est aussi ce qui lui est reproché sous le terme mal défini de fanatisme. Mais il n'est pas douteux que la situation n'est guère différente en Occident malgré l'acceptation apparemment générale du réformisme doctrinal et la succession rapide d'écoles historiques antagonistes. On découvre de plus en plus l'intégrisme occidental là où on le soupçonnait le moins : dans l'historiographie de la Révolution française, dans la politique linguistique de chaque État, dans la philosophie des Droits de l'homme, à propos de la politique extérieure de l'Union européenne, etc. La théorie de l'histoire qui y a cours, malgré les variations locales, n'est que celle d'une tradition. L'Islam qui non seulement possède sa propre théorie de la tradition mais encore prétend que la sienne est la théorie générale de toute tradition, agit comme un miroir qui renvoie à l'Occident l'image de sa particularité et non celle de sa singularité. Cela explique en partie à la fois l'antipathie que celui-ci nourrit contre lui et la sympathie qu'il montre par exemple pour le bouddhisme ou encore le soufisme qui est un Islam non orthodoxe, ayant donc une autre théorie de la tradition.

Peut-on échapper au solipsisme de l'histoire ainsi définie, sortir de sa tradition sans automatiquement embrasser celle des autres ? Peut-on étudier valablement toutes les traditions en se plaçant à l'extérieur de chacune

* La permanence structurelle de la langue arabe élevée au niveau d'un miracle historique rend difficile toute réforme linguistique, d'où l'acceptation de la diglossie avec ses handicaps.

d'elles ? Comment être sûr qu'on est vraiment hors de la sienne* ?

Au niveau théorique, il semble bien que le relativisme guette l'historien où qu'il se tourne. Depuis trois siècles maintenant, tirant la leçon des tragédies engendrées par les guerres de religion, les luttes partisanes, la colonisation, les affrontements ethniques, on essaye de dissocier justice et tolérance tant celle-ci semble être teintée de relativisme et peut-être de scepticisme**.

Tout l'édifice de l'histoire scientifique — la théorie de l'action humaine réduite à ses déterminants matériels, théorie qui s'est vue au cours des générations confortées par les progrès de l'archéologie, de la biologie, de la psychiatrie, du structuralisme et sa phobie du sujet — n'a été en définitive qu'une tentative héroïque pour se soustraire au relativisme. C'était aussi une manière de dépasser le concept d'histoire courant en Occident et c'est pour cette raison que la tentative a trouvé et trouve sans doute encore de larges échos dans les autres cultures. Cependant, nous avons souligné qu'elle a été décrétée, à tort ou à raison, hors sujet. L'Occident, après l'échec de son impérialisme politique, a retrouvé sa tradition, nous le constatons tous les jours, et fait table rase de tout ce qui a été présenté comme histoire humaine alors qu'elle n'était que connaissance de la nature, description d'objets, étude du sang et des nerfs. L'Occident rejeté à l'extérieur a finalement rejeté lui-même ce qui visait à le dépasser. Se retrouvant tel qu'il s'est toujours voulu, il est allé à la rencontre d'autres intégrismes.

J'ai toujours soutenu que l'analyse de la théorie seule aboutit presque mécaniquement à une philosophie du conflit. La seule voie pour sortir des contradictions est de se tourner vers ce que chacun de nous fait et non de se

* C'est toute l'ambiguïté de l'anti-occidentalisme occidental avec son affirmation du droit à la différence qui ne semble pas toujours convaincre ceux à qui il est reconnu.

** Les chrétiens d'Orient refusent d'être des protégés (*dhimmi-s*) et les immigrants musulmans d'être des « invités ».

contenter d'écouter ce qu'il dit ou écrit*. La seule théorie de l'histoire qui puisse nous mettre d'accord est celle qui a pour objet d'étude l'action collective d'aujourd'hui, l'action légitime et responsable.

La colonisation a été une entreprise d'universalisation au niveau planétaire, fondée sur une idée traditionnelle restrictive de l'histoire. Elle a été arrêtée par un mouvement de résistance lui aussi planétaire et lui aussi fondé sur une idée qui, bien que différente, n'était pas moins restrictive. Et cependant, le nationalisme culturel a continué à sa manière ce mouvement d'universalisation. Les grandes révolutions de l'est qui ont semblé devoir changer le cours des événements l'ont finalement plutôt accéléré.

Toutefois à ce mouvement fait pendant un autre qui va en sens contraire. On généralise l'enseignement pour unifier et uniformiser et, sans le vouloir, on fait renaître des langues, des cultures, des traditions qu'on croyait définitivement oubliées. Ce fut déjà l'expérience coloniale et c'est celle des nouveaux États nés de la décolonisation. Une société semble être unie tant qu'elle est passive ou victorieuse ou prospère ; dès qu'elle connaît un début d'activité, qu'elle subit un échec, ou qu'elle est en crise la voilà qui se disloque selon des lignes de rupture depuis longtemps invisibles pour la plupart des habitants. Et tout cela se fait au nom de l'histoire et contre elle, hier au temps de la colonisation et aujourd'hui où la décolonisation continue. La logique de ce qui a été mis en branle — quand ? — agira sans doute encore longtemps. On découvre que le concept d'histoire au nom duquel on a agi — comme conquérant ou comme nationaliste, comme défenseur de l'État ou comme avocat de sa communauté — est étroit, limité, rétréci à la fois chez les premiers arrivés — s'il y en a — et chez les tard venus.

Si nous nous dirigeons aujourd'hui vers un certain « historicisme » sans lequel on ne saurait concevoir une

* A. Laroui, *Mafhum al'Aql. Maqala fi l-Mufaraqat (Le Concept de raison. Essai sur les antinomies)*, Beyrouth/Casablanca, 1996.

cour internationale de justice, un droit général d'intervention, une organisation mondiale du commerce, etc., il sera bien différent de celui qui avait cours au siècle dernier et que l'Europe considérait comme une denrée qui lui était spécifique et qu'elle devait exporter. Il s'agira d'un historicisme d'action et non de préconception, extrait du présent et non déduit d'un héritage taillé sur mesure ; un historicisme instrumental intégrant une grande part de relativisme.

Universalisation et particularisation, mondialisation et spécialisation vont main dans la main. La raison en est sans doute que nous sommes tous maintenant convaincus de nos propres limites.

La science est théoriquement ouverte sur l'infini, pas l'histoire. L'individu est mortel, les cultures et les civilisations évoluent et donc meurent d'une certaine manière, l'humanité dans son ensemble n'est pas sûre de son avenir. L'histoire appartient à tous depuis que le ciel ne protège plus personne en particulier.

RÉFÉRENCES

– Aron (R.), « Comment l'historien écrit sur l'épistémologie. », *Annales*, VI/1971, 1319-1354.

– Azmeh (A.), « Muslim History : Reflections on periodisation and categorisation », *The Medieval History Journal*, London, 1, 2, 1998, 195-231.

– Carr (E.), *What is History ?*, London, Pelican Books, 1964.

– Collingwood (R.C.), *The Idea of History*, Oxford U.P., 1946.

– Danto (A.C.), *Narration and Knowledge*, New York, Columbia University Press., 1985.

– Hodgson (M.), *Rethinking World History*, Cambridge, CUP, 1993.

– Khalidi (T.), *Arabic Historical Thought in the Classical Period*, Cambridge, CUP, 1994.

– Laroui (A.), *Mafhum a-Tarikh (Le Concept d'histoire)*, Beyrouth/Casablanca, 1992.

– Laroui (A.), *Islam et histoire*, Paris, Albin Michel, 1999.

– Rancière (J.), *Les Mots de l'histoire. Essai de poétique du savoir*, Paris, Seuil, 1992.

– Veyne (P.), *Comment on écrit l'histoire ? Essai d'épistémologie*, Paris, Seuil, 1971.

Que reste-t-il du paradis ?

par Jean Delumeau

Des « objets historiques », jusqu'à présent peu visités, attendaient depuis longtemps qu'on se penche sur eux et qu'on les éclaire dans la continuité les uns des autres. C'est ce que j'ai tenté de faire au cours d'une longue enquête (de 28 ans). Le premier a été la peur *(La Peur en Occident,* 1978 ; *Le Péché et la Peur,* 1983*)* ; le deuxième, le sentiment de sécurité *(Rassurer et protéger,* 1989 ; *L'Aveu et le Pardon,* 1990). J'ai intitulé le troisième *Une histoire du paradis,* réparti en trois ouvrages : *Le Jardin des délices*, 1992 ; *Mille ans de bonheur,* 1995 et enfin, *Que reste-t-il du paradis ?*, 2000. Dans cette dernière série j'ai successivement étudié la durable nostalgie du paradis terrestre, puis la tentation de le faire réapparaître dans l'avenir et, enfin, l'espérance d'un bonheur éternel au-delà de la mort. Toutes ces recherches se sont limitées au monde chrétien. Il s'est agi, sur des thèmes précis — peur, besoin de sécurité, aspiration au bonheur —, d'une histoire des croyances et des représentations collectives et, plus précisément ici, d'une histoire culturelle du paradis chrétien.

À ce sujet, je suis allé à l'encontre d'une idée reçue. On assure en effet d'ordinaire que la littérature et l'iconographie chrétiennes ont mieux réussi à évoquer l'enfer que le paradis : le pittoresque et le piquant auraient été du côté

Texte de la 360e conférence de l'Université de tous les savoirs donnée le 25 décembre 2000.

des descriptions infernales ; la mièvrerie, la monotonie et l'ennui du côté de l'imagerie céleste. Il est exact que les prédicateurs ont évité les descriptions trop concrètes — et trop humaines — du paradis, alors qu'ils ont abondamment décrit les supplices infligés aux damnés et l'iconographie des Jugements derniers a plus retenu l'attention par ses scènes diaboliques que par les paisibles processions des élus accueillis par les anges. Mais *Le Paradis* de Dante témoigne d'inventions aussi étonnantes dans leur registre que les trouvailles, certes hautes en couleur, qui firent le succès de *L'Enfer* et du *Purgatoire.* Et surtout il importe, pour mesurer la richesse des évocations paradisiaques — écrits et images — qui ont pendant longtemps accompagné l'histoire chrétienne, de prendre en compte une vaste documentation. Ce choix méthodologique conduit à la révision d'un jugement injuste mais couramment admis.

L'historien doit donc constituer un large corpus d'hymnes liturgiques, de visions narratives, de textes mystiques se rapportant au paradis. Il doit aussi regrouper sous un même regard différents thèmes qui, d'une manière ou de l'autre, concernent le paradis : la Jérusalem d'en haut, le jardin éternel, la cour céleste avec ses anges musiciens, Noël comme parenthèse paradisiaque interrompant la grisaille des jours, l'assomption de Marie, c'est-à-dire son transport au ciel — thème de prédilection de l'art baroque —, et enfin, l'entrée et le séjour des élus dans la joie éternelle, c'est-à-dire la Toussaint. À quoi s'ajoute le bâtiment même de l'église conçue par son architecture, ses verrières ou sa décoration, éblouissante aux XVIIe et XVIIIe siècles, comme une anticipation du paradis. Le rassemblement des thèmes paradisiaques à l'intérieur du christianisme devient alors une entreprise de grande ampleur.

Quels furent les textes fondateurs du paradis chrétien ? D'abord l'évocation du jardin d'Éden dans *La Genèse*. Il y est dit que Dieu « fit germer du sol tout arbre d'aspect attrayant et portant des fruits bons à manger [...] Un fleuve sortait d'Éden pour irriguer le jardin et de là il se partageait en quatre bras [...] Le Seigneur prit l'homme et l'établit dans le jardin d'Éden pour cultiver le sol et le garder ». Le mot « paradis » vient de l'ancien persan par l'intermédiaire du grec et signifie « jardin ». L'évocation de celui-ci dans *La Genèse* est sobre mais elle fut ensuite progressivement enrichie par la littérature hébraïque, notamment par Isaïe, puis par des adjonctions empruntées à des auteurs païens grecs et latins. Ils avaient en effet décrit des jardins paradisiaques en évoquant l'âge d'or, les Champs-Élysées et les îles Fortunées. Or, à partir du second siècle de notre ère, se répandit chez les écrivains chrétiens la conviction que ce que les païens avaient écrit de ces lieux enchanteurs dérivait mystérieusement du paradis terrestre de *La Genèse*. Cette opinion était encore couramment acceptée au XVIIe siècle. D'où la contamination qui conduisit à embellir le « paradis » d'Adam et Ève de toutes les beautés de l'âge d'or, des Champs-Élysées et des îles Fortunées. Mais le mot « paradis » qui, jusqu'au VIe siècle au moins, ne désignait que le jardin d'Éden, en vint de plus en plus à signifier le lieu du bonheur éternel. Montant ainsi de la terre au ciel, il y emmena toutes ses beautés horticoles.

L'Apocalypse, ouvrage attribué à saint Jean et rédigé vers 90 après Jésus-Christ, a constitué, avec ses images flamboyantes déferlant comme une avalanche, un autre réservoir de thèmes paradisiaques. On y découvre successivement les sept candélabres d'or et, au milieu d'eux, un Fils d'homme avec une ceinture d'or et des cheveux comme une laine blanche, « Quelqu'un » siégeant sur son trône devant un arc-en-ciel, entouré de 24 Anciens et des 4 Vivants, chacun tenant une harpe et une coupe d'or remplie de parfum ; la mer de cristal devant le trône ; « des myriades et des myriades d'anges » ; la multitude des élus portant robes blanches et palmes ; l'agneau debout sur la colline de Sion tandis que retentit « un cantique nouveau » ; la cité sainte, « la Jérusalem descendue du ciel », qui brille et dont les remparts ont des assises de pierres précieuses ; le fleuve de vie, étincelant comme du cristal, qui jaillit du trône de Dieu et de l'agneau ; enfin, à nouveau le trône de Dieu et de l'agneau, mais cette fois, dressé dans la ville sur laquelle la nuit n'étendra plus ses ténèbres et d'où seront absentes la souffrance, les larmes et la mort.

L'adjectif « apocalyptique » a pris un sens dramatique en renvoyant aux multiples catastrophes qui, selon *l'Apocalypse,* s'abattront sur le monde pécheur avant la descente de la cité céleste. Mais on oublie trop que le livre des « Révélations » attribué à saint Jean est fondamentalement un message d'espérance... Il prophétise qu'après les victoires apparentes du mal, le bien et le bonheur s'épanouiront définitivement dans la Jérusalem éternelle.

Un troisième texte essentiel pour la compréhension du paradis chrétien est la *Hiérarchie céleste,* ouvrage mentionné pour la première fois à Constantinople en 532. À l'époque on l'attribua à Denys l'Aréopagite, personnage converti par saint Paul à Athènes et qui serait devenu ensuite le premier évêque de cette ville. En réalité le Pseudo-Denys semble avoir été un Syrien écrivant à la fin du Ve siècle ou au début du VIe siècle. C'était probablement un néo-platonicien converti au christianisme. Systématisant l'organisation globale du paradis, le Pseudo-Denys divisa la cour céleste en 9 chœurs liés entre eux comme les anneaux d'une chaîne et répartis entre 3 hiérarchies superposées, le premier chœur étant dans le voisinage de Dieu et le dernier à proximité des hommes. « La pureté, l'illumination et la perfection » émanées de Dieu se communiquent de l'ordre supérieur jusqu'au dernier des ordres inférieurs et de ceux-ci aux hommes. Au sommet des cieux sont les séraphins ; les anges au contraire sont au contact des hommes.

Le Pseudo-Denys devint rapidement une autorité incontestée dont on a comparé l'importance historique à celle de saint Augustin et de saint Thomas d'Aquin. Sa hiérarchie angélique fut donc acceptée aussi bien par les auteurs des grandes sommes théologiques du Moyen Âge que par Francisco Suarez, surnommé au XVIIe siècle le « Thomas d'Aquin des jésuites ». Dieu et la Jérusalem céleste, selon la cosmographie acceptée jusqu'à Galilée, avaient leur place dans un « lieu » situé dans les hauteurs des cieux. Selon cette cosmographie héritée d'Aristote et du mathématicien grec Ptolémée — qui vivait à Alexandrie au second siècle de notre ère —, la Terre, immobile, est au centre de l'univers*.

Au système de Ptolémée, l'Antiquité tardive et le Moyen Âge ajoutèrent deux autres sphères : celle du « premier mobile » et celle de « l'empyrée ». La sphère du « premier mobile », dite aussi « ciel cristallin », était censée entourer et mettre en mouvement les 8 sphères inférieures. La rotation de chacune d'elles, facilitée par l'impulsion des anges**, provoquait la rotation de celle située plus à l'intérieur.

Quant à l'empyrée, d'un mot grec peu employé par les Anciens et signifiant feu et lumière, jadis tenu par la mythologie pour l'habitat des dieux, il devint dans la cosmographie chrétienne médiévale la demeure immobile de Dieu, des anges et des élus. L'empyrée coiffait et entourait toutes les autres sphères.

De façon éblouissante, Dante a construit son *Paradis* en combinant la hiérarchie angélique du Pseudo-Denys avec la cosmographie christianisée de Ptolémée. Une invention géniale du poète a consisté à associer une ascension graduée de ciel en ciel avec un plan horizontal figurant l'empyrée déployé. Dante et Béatrice — qui le guide — montent vers l'empyrée depuis la Terre en traversant les sphères successives des planètes, des étoiles fixes et du « premier mobile ». Chaque sphère est le domaine d'une catégorie d'esprits célestes, les anges sont affectés à la Lune et les

* Autour de la Terre tournent sans cesse des sphères cristallines, emboîtées les unes dans les autres à la manière des poupées russes et qui entraînent dans leurs mouvements les planètes et les étoiles. De l'intérieur vers l'extérieur, les sphères de la Lune, de Mercure, de Vénus, du Soleil, de Mars, de Jupiter et de Saturne tournent d'autant plus vite autour de la Terre qu'elles en sont plus éloignées. Au-dessus des 7 sphères des planètes se trouve, tournant en 24 heures, la sphère des « étoiles fixes », celles-ci, contrairement aux planètes, ne paraissant pas bouger.

** Dans le système de Ptolémée, le « premier mobile » impulse le mouvement au ciel des étoiles fixes et ensuite, les autres sphères se communiquent les unes aux autres le mouvement de rotation. Toutefois on pensait aussi que les anges assuraient la continuité du mouvement en agissant sur les sphères.

séraphins au « premier mobile ». De même, aux différentes catégories d'élus et en fonction de leurs mérites, sont assignées des sphères de dignité croissante. Dante a ainsi voulu signifier, en accord avec la théologie du temps, que les élus et les esprits célestes n'ont pas tous la même capacité de béatitude. Mais tous sont heureux au maximum de leur capacité. Tous voient Dieu et ont le privilège de la « bilocalisation ». Ils sont donc à la fois dans les différentes sphères et dans l'empyrée, lequel est non seulement une sphère coiffant toutes les autres mais aussi, sur un plan horizontal, une rose mystique semblable à un amphithéâtre qui ferait cercle autour de Dieu. Les saints et les anges sont les pétales de cette rose.

C'est dans l'empyrée conçu comme un « lieu » que le christianisme a longtemps situé la Jérusalem céleste. Les textes et les images, au cours des siècles, se sont plus, dans le sillage de *l'Apocalypse*, à évoquer cette ville du bonheur éternel. Ainsi le bénédictin Jean de Fécamp proclamait au XIe siècle :

« Sainte Sion, Jérusalem, ma mère, heureuse es-tu, infiniment heureuse, et heureuse à jamais ! Que tu es belle et gracieuse, que tu es glorieuse et bienheureuse. Tu es toute belle. En toi, nulle souillure. Cité choisie de Dieu, bâtie par la main du Créateur, qui peut évaluer le prix, qui peut dire la beauté des ornements de ton édifice admirable ? On y a enchâssé toutes les pierres précieuses taillées, polies et soigneusement ajustées : aussi n'est-il plus question d'entendre chez toi le bruit du marteau. Tes murs sont formés d'une variété multiple de joyaux étincelants. Tes portes sont serties de perles fines. Tes places sont de l'or le plus pur. Tes demeures nombreuses reposent sur des saphirs et sont couvertes de tuiles d'or : nul impur n'y entre, nul adonné aux vices n'y peut habiter. Car chez toi ne se rencontrent ni le méchant ni la méchanceté. »

Pour illustrer dans le temps et l'espace le thème de la Jérusalem céleste, on peut se référer aux mosaïques de l'église romaine de Sainte-Pudentienne. Elles sont de la fin du IVe siècle ou du début du Ve siècle. Peut-être les mosaïstes voulurent-ils évoquer, en les idéalisant, des édifices religieux de la Jérusalem du temps ? Les bâtiments sont de marbre avec des toitures dorées. Presque contemporaine de Sainte-Pudentienne, la basilique romaine de Sainte-Marie-Majeure, dans sa partie la plus ancienne, comporte, elle aussi, une représentation de la cité céleste inspirée par l'Apocalypse. Sur l'arc triomphal donnant accès à l'abside on lit *Hierusalem.* Ses hautes murailles et ses tours d'or et de pierres précieuses entourent des bâtiments serrés les uns contre les autres. À la porte, se préparant à entrer, six brebis symbolisent les apôtres.

La ville céleste devait ensuite faire en Occident une belle carrière iconographique. On la voit, par exemple, dans *l'Évangéliaire de Saint-Médard* de Soissons, enluminure rhénane antérieure à 827. Il s'agit de l'adoration de l'agneau divin par les 24 Vieillards. Une tenture rouge repliée laisse découvrir un large fragment du décor urbain.

La plus grande série de tapisseries réalisée au Moyen Âge a été consacrée à l'Apocalypse. Commandée en 1373, elle est maintenant conservée à Angers : la cité céleste y est plusieurs fois représentée, notamment dans un panneau à fond bleu sur lequel la Jérusalem définitive est figurée comme une ville du XIVe siècle avec porte, fortifications et églises. Du haut du ciel, Dieu la désigne à saint Jean. Mais dans l'ouvrage attribué à celui-ci, la Jérusalem d'en haut est décrite comme un carré. C'est ce que l'on peut voir dans la plus ancienne *Apocalypse* flamande enluminée réalisée vers 1400.

De même que les mosaïstes de Sainte-Pudentienne avaient symbolisé la cité éternelle en s'inspirant des monuments impériaux de leur temps, de même les artistes du XVe siècle transposèrent dans la Jérusalem paradisiaque les architectures du gothique tardif. Le dernier des 14 bois gravés par Dürer pour illustrer son *Apocalypse* (1498) — l'œuvre qui le rendit d'emblée célèbre — montre Satan vaincu, monstre affreux, s'enfonçant dans un puits étroit tandis qu'un ange désigne du doigt à saint Jean la cité de la joie éternelle. En fait celle-ci est, sinon une reproduction exacte de Nuremberg, la cité de Dürer, du moins la reconstitution d'une ville allemande de l'époque avec ses portes, ses tours fortifiées, ses clochers effilés et un faubourg relié à l'agglomération principale par une muraille à tourelles. Ainsi les artistes, au cours des âges, illustrant *l'Apocalypse*, imaginèrent tout naturellement la cité céleste en utilisant ou en recomposant les éléments que leur proposait la silhouette des villes de leur temps.

L'autre grand thème paradisiaque a été le jardin des délices transporté dans l'au-delà. Voici un extrait du plus ancien texte chrétien où le séjour définitif des élus est évoqué sous les aspects d'un jardin éternel. Il est du milieu du IIIe siècle et dû à un clerc de l'entourage de saint Cyprien. Le « lieu du Christ, lieu de grâce », y est décrit comme « une terre luxuriante dont les champs verdoyants se couvrent de plantes nourricières et gardent intactes des fleurs parfumées ». Là les arbres montent haut vers le ciel, donnant une ombre dense comme un vêtement. Ni le froid de l'hiver ni la chaleur brûlante de l'été ne nuisent à la végétation. Plus tard le poète espagnol Prudence (415), peignant l'arrivée de l'âme bienheureuse dans le bonheur du paradis, la voit bientôt « étendue sur un lit de pourpre aspirant les senteurs éternelles et, sur sa couche de roses, buvant la rosée d'ambroisie ».

Une des plus célèbres prairies paradisiaques de l'art chrétien est celle — en mosaïques — de l'église Saint-Apollinaire *in Classe* de Ravenne (VIe siècle). C'est la campagne de l'éternel bonheur. Cette mosaïque est à rapprocher du grand retable de *l'Agneau mystique* réalisé à Gand par Jan et Hubert Van Eyck vers 1432, un des sommets de l'art chrétien. Vers le même moment, Fra Angelico peignait un *Jugement dernier* où l'on voit les élus accueillis dans un jardin fleuri par les anges qui les embrassent tendrement.

Le jardin paradisiaque a aussi servi de cadre, notamment aux XVe et XVIe siècles, à la fois à des évocations de Noël et à celles de Marie avec son enfant sur ses genoux. Noël, fête paradisiaque, c'est le sentiment que voulait créer Benozzo Gozzoli à la chapelle du palais Médicis de Florence, surtout célèbre par son *Cortège des Rois mages* ; mais la chapelle comporte aussi une Nativité, encadrée par deux fresques enchanteresses : les anges sont descendus au niveau du nouveau-né et de Marie. Campagne, ville et rochers sont transfigurés. Derrière les ailes des anges on aperçoit des roses.

Ceci nous permet d'aborder un thème voisin — celui de la Vierge à l'enfant — avec une œuvre de Memling qui se trouve au Louvre : les fleurs derrière Marie, le paysage harmonieux, les jeunes saintes autour de la Vierge, les anges musiciens créent une atmosphère de bonheur bucolique éternel. Le culte marial a beaucoup contribué à l'enrichissement de l'iconographie paradisiaque. À preuve, par exemple *La Vierge à la treille de roses* de Stephan Lochner (1451), conservée au musée de Cologne : entourée d'anges et de fleurs, bénie par Dieu le Père, Marie couronnée et son enfant sont, pour un instant au moins, transportés dans un jardin céleste. Significative est la présence autour d'eux de petits anges musiciens. Ils témoignent de l'invasion de la musique, à partir du milieu du XIVe siècle, dans l'iconographie paradisiaque.

Cette présence nouvelle doit être mise en rapport avec l'essor de la musique à la même période dans la civilisation occidentale. On la saisit bien dans une œuvre anonyme flamande du XVe siècle, conservée au musée de Bilbao : autour de Marie et de son enfant les anges bleu pastel, émergeant d'une brume violette, jouent de la harpe, de la vièle, du psaltérion, du luth, de l'orgue positif [...] En plus grand format, les anges musiciens de Melozzo da Forli (1494), maintenant au Vatican, sont eux aussi témoins de l'étroite imbrication, à l'époque, de la musique et des thèmes paradisiaques.

Mais le réservoir des images paradisiaques, qui était particulièrement riche et coloré à l'aube du XVIe siècle, subit dans la période suivante un rétrécissement sensible. La Jérusalem céleste abandonne ses toits d'or et ses murailles de pierres précieuses. Les anges musiciens se font plus rares. Les prés fleuris et les arbres de Ravenne et du polyptique de Gand s'évanouissent. Les vêtements somptueux des habitants de la cour céleste laissent place à des drapés flottants. L'église catholique, après le concile de Trente, s'est défiée des évocations trop précises, c'est-à-dire trop terrestres, du paradis, que le protestantisme de son côté rejeta complètement.

Mais ce constat une fois établi, il faut souligner en contre-partie le renouvellement spectaculaire que la Renaissance et l'art baroque apportèrent dans la représentation du ciel chrétien. L'art gothique n'avait pas élevé de coupoles. La Renaissance et le baroque, au contraire, les multiplièrent à partir de celle construite par Brunelleschi de 1420 à 1436 pour la cathédrale de Florence et qui s'élève à 114 m et de celle de Saint-Pierre terminée en 1593 et qui culmine à 143 m. Les coupoles et les voûtes en plein cintre voulurent être et furent comprises, à cause de leurs formes mêmes, comme des évocations du ciel paradisiaque.

La coupole de la cathédrale de Florence est encore de dessin gothique. Mais celle de la Consolation de Todi (début du XVIe siècle) est typique de l'architecture « musicale » chère à la Renaissance. Les formes sphériques, le parti pris de pureté et de sobriété marquent la volonté de concrétiser dans la pierre l'ordre du monde et de faire en sorte que l'église soit le reflet de la divine harmonie. À l'époque baroque, les coupoles se diversifient, se compliquent, cherchent à étonner, mais toujours dans le but d'élever les yeux des fidèles vers la gloire de Dieu et vers le futur céleste.

L'église de la Salute à Venise, élevée après la peste de 1630 — d'où son nom —, met en scène de manière théâtrale deux coupoles inégales. Celle de Saint-Yves-de-la-Sapienza, construite par Borromini au milieu du XVIIe siècle, associant formes convexes et concaves et présentant à l'extérieur un dôme aplati surmonté d'un lanternon en spirale, constitue un des monuments les plus séduisants de la Rome baroque : les étoiles qui descendent du ciel à l'intérieur de la coupolc, traitée comme une rose retournée, signifient probablement l'effusion de l'Esprit le jour de la Pentecôte. Le lanternon serait une tour de l'harmonie s'opposant à celle de Babel. Au paradis, la confusion des langues aura disparu.

Plus étonnante encore est la coupole de la chapelle du Saint-Suaire élevée par Guarini, à partir de 1667, à l'extrémité de la cathédrale de Turin : le morceau de bravoure en est l'empilement des hexagones décroissants disposés en quinconce et qui s'élancent vers la base circulaire de la lanterne. L'intention de cette géométrie éblouissante était de diriger les regards vers le mystère de la Trinité.

Si les paradis de l'âge baroque furent profondément différents de ceux qui les avaient précédés, c'est assurément parce qu'ils se déployèrent sur des surfaces courbes — voûtes et coupoles —, mais aussi parce qu'ils furent remplis par les mouvements vertigineux des anges et des élus. Auparavant, au contraire, ceux-ci étaient, soit immobiles, soit saisis dans des déplacements de faibles amplitudes. Le nouveau résultat fut rendu possible par la maîtrise croissante de la perspective sur laquelle avaient travaillé, dès le XVe siècle, Flamands et Italiens.

Ensuite, la transposition sur des surfaces courbes d'un espace à trois dimensions excita de façon croissante la virtuosité des artistes qui réalisèrent des trompe-l'œil stupéfiants et des raccourcis à couper le souffle. L'art baroque provoqua un premier triomphe du « virtuel » qui fit une entrée en force dans les sanctuaires par l'association des figures peintes et des stucs, de l'espace illusionniste de la peinture et de celui, réel, de l'architecture. Par le jeu des trompe-l'œil, les cadres explosent, l'inertie des lignes est rompue et l'univers céleste fait irruption dans l'église.

Dès lors, ce que l'art du temps se plut à exalter, ce fut moins la cour céleste réunie dans sa plénitude que le moment fulgurant de l'ascension de Jésus, de Marie, des anges et des saints vers le sommet des cieux. Des thèmes voisins rejoignirent les précédents, en particulier les « triomphes » de l'Eucharistie, de l'Église et de la Croix. Tous ces thèmes justifièrent la représentation de mouvements giratoires et ascensionnels sans cesse plus étourdissants que les fidèles regardaient, éblouis, depuis la Terre.

Dans le domaine religieux, l'art baroque est né à la cathédrale de Parme en 1535, 10 ans avant la réunion du concile de Trente, avec *L'Assomption* peinte par le Corrège sur la coupole. En bas le visiteur est trop subjugué pour s'attarder aux détails. Voit-il que des anges jouent des cymbales et du tambourin ? Peut-il fixer son regard sur le visage de Marie en extase ? Sans doute que non. Ce qui le frappe, c'est le tourbillon des anges, la spirale vertigineuse aspirant Marie et la milice céleste vers la trouée de lumière qui fait reculer les cercles de gros nuages gris.

D'autres fresques très sophistiquées, mais se rattachant à la même esthétique, seront peintes deux siècles plus tard par Johann Jakob Zeiller sur la voûte de l'église bénédictine d'Ottobeuren en Bavière : la Pentecôte fournit là l'occasion d'ouvrir le ciel devant les yeux étonnés des fidèles. Les anges tournoient autour du cercle lumineux où plane la colombe du Saint-Esprit. Les rayons de celui-ci descendent sur Marie et les apôtres réunis dans un bâtiment totalement irréel dont l'architecture grandiose explose par le haut pour ouvrir sur le paradis vers lequel regardent en bas tous les peuples de la Terre.

L'Assomption de Marie a été le thème de prédilection de l'art baroque sur les voûtes, les coupoles et les retables. En témoignent toutes les Assomptions qui datent des XVIe-XVIIe et XVIIIe siècles et plus particulièrement celle réalisée en 1717-1723 par Quirin Asam, en stuc partiellement doré, pour le maître-autel de l'église abbatiale de Rohr en Bavière, où architecture et sculpture aérienne sont inséparables l'une de l'autre.

Le dernier aspect de l'art baroque que je voudrais évoquer, c'est : l'église conçue comme lieu paradisiaque, totalement opposé à la grisaille quotidienne, de sorte qu'on y accumule les couleurs, les décorations et les métaux précieux. En y entrant, riches et pauvres quittaient la Terre pour un espace éblouissant, un pays de rêve. Nombreux sont les exemples de cette volonté de créer le dépaysement. D'abord l'église de pèlerinage de Wies en Bavière, réalisée au milieu du XVIIIe siècle, qui séduit par ses lignes courbes, la profusion du décor et l'heureuse association des stucs, les uns dorés, les autres blanc porcelaine, ouvrant sur un ciel bleu. Puis l'église de pèlerinage Notre-Dame à Birnau (1746-1750), au-dessus du lac de Constance, à propos de laquelle on a parlé d'« architecture de l'illusion » et que l'on a qualifiée de « salle de fête du Seigneur ». Elle éblouit par l'abondance des décors et des sculptures en stuc qui forment un ensemble ondoyant et dansant, dans lequel les anges jouent un rôle important. Enfin l'abbaye bénédictine de Melk (1702-1738), surplombant le Danube à 80 km à l'ouest de Vienne, admirablement intégrée au paysage, ou l'intérieur de l'église du couvent Saint-Benoît de Rio de Janeiro qui voulait provoquer le même dépaysement : la totalité du sanctuaire est recouverte de bois doré. Une pyramide à 7 degrés supporte dans le chœur une Vierge à l'enfant encadrée par saint Benoît et sa sœur Scholastique. Il est important de noter ici l'insistance, à l'extérieur et surtout à l'intérieur, de la couleur dorée. Par-delà les siècles, l'esthétique baroque rejoignait une constante de l'art chrétien qui, dès l'époque des mosaïques byzantines, avait fait de l'or la couleur du paradis.

Si belles qu'aient été les évocations paradisiaques proposées par l'art chrétien, elles se ternirent et s'usèrent à partir de la fin du XVIIIe siècle. Elles avaient été déjà remises en cause par le protestantisme qui se défiait des images et qui conseilla la sobriété dans la description de l'au-delà. Luther déclara : « De même que les enfants dans le corps de leur mère savent peu sur leur naissance, nous savons peu de la vie éternelle. » S'ajoutant à la préférence protestante pour la sobriété, plusieurs facteurs vont converger à partir du XVIe siècle et pour conduire progressivement au repli de l'iconographie paradisiaque.

La Renaissance mit à la mode la mythologie antique dont le ciel païen prit les couleurs et la disposition du ciel chrétien qui, de ce fait, se trouva brouillée. La montée de l'absolutisme monarchique exalta les souverains avec les images jusque-là réservées à Dieu. Par ailleurs, l'attention croissante portée par les artistes à la vie quotidienne et à la nature conduisit, notamment dans la peinture hollandaise du XVIIe siècle, à produire des œuvres où le ciel de la météorologie, celui des travaux et des jours, tenait une place jadis occupée par le lieu de la cour céleste.

Enfin et surtout, la « nouvelle astronomie » issue des travaux de Copernic, Kepler, Galilée et Newton, détruisit en 150 ans la cosmographie aristotélicienne christianisée et anéantit la sacralisation du ciel auparavant unanimement acceptée. La Terre cessa d'être le centre du monde. Les sphères cristallines s'évanouirent. Le ciel apparaissait désormais, sinon comme infini, du moins comme indéfini. Il n'y avait plus ni haut ni bas dans l'univers. L'opposition classique entre la partie « sublunaire » du monde, lieu du changement et de la corruption, et le domaine des étoiles, domaine de la pureté cristalline, s'effondra. Il fallut renoncer à l'empyrée comme espace de Dieu, des anges et des élus. Le paradis n'avait plus de lieu. Il n'était plus un lieu. Il s'est agi d'un séisme culturel qu'il faut identifier comme tel pour comprendre l'opposition que rencontra Galilée. D'où la question : Depuis lors, que reste-t-il du paradis ?

Un regard sur l'ensemble de l'histoire chrétienne révèle que deux discours sur le paradis y ont longtemps cohabité sans difficulté. On présentait de magnifiques images de la Jérusalem céleste et du jardin éternel et, en même temps, on affirmait que le paradis est « infigurable ». Jésus ne l'a jamais décrit et saint Paul, dans la *Première épître aux Corinthiens*, déclara que la sagesse divine nous a révélé « ce que l'œil n'a pas vu, ce que l'oreille n'a pas entendu et ce qui n'est pas monté au cœur de l'homme, tout ce que Dieu a préparé pour ceux qui l'aiment ». Or cette phrase, répétée d'âge en âge durant l'histoire chrétienne, a toujours été comprise comme une invitation à ne pas essayer de percer avec nos moyens humains les secrets du paradis. Le *Catéchisme du concile de Trente* enseigna : « Aujourd'hui, il est impossible que nous comprenions la grandeur de ces biens (ceux du paradis), ils ne peuvent se manifester à notre esprit. Pour les goûter il faut que nous soyons entrés dans la joie du Seigneur. Alors nous serons inondés et enveloppés de toutes parts et nos désirs seront satisfaits. » Le *Catéchisme* de Jean-Paul II déclare : « "Qui es aux cieux", cette expression ne signifie pas un lieu mais une manière d'être. » Déjà saint Ambroise avait écrit au IVe siècle : « En abordant la question du paradis, il semble que nous allons rencontrer de sérieuses difficultés si nous voulons chercher ce qu'est le paradis, où il est et quelle est sa nature... Comment pourrons-nous résoudre la question du lieu du paradis que nous n'avons pas pu voir ? »

Le christianisme a dû progressivement renoncer à une iconographie paradisiaque longtemps très belle mais devenue de moins en moins crédible. En sens inverse, la modernité a mis sur le devant de la scène deux exigences moins évidentes autrefois qu'aujourd'hui et liées désormais à notre actuel désir de paradis. Dans l'histoire du paradis chrétien, ce qui fut longtemps investissement dans le descriptif s'est transformé depuis deux siècles en investissement dans l'affectif.

Compte tenu de la quasi-disparition des liens de sociabilité qui formaient le tissu et la structure des civilisations traditionnelles, nous aspirons, au-delà des solitudes additionnées du présent, à une situation qui serait l'inverse de celle qu'a cru constater Jean-Paul Sartre lorsqu'il a écrit : « L'enfer, c'est les autres. » Croyants ou incroyants, nous aspirons ensemble à une situation où l'humanité serait réconciliée avec elle-même. Or, selon le christianisme, le paradis, ce sera les autres, dans la proximité de Dieu et dans une affection réciproque qui aura effacé les incompréhensions et les hostilités d'ici-bas. La demande évangélique — aimer Dieu de tout son cœur et son prochain comme soi-même — passera de l'utopie à la réalité. Par ailleurs, surtout depuis la fin du XVIIIe siècle, s'est affirmé chez les croyants le désir de retrouver dans l'au-delà, de façon privilégiée, ceux que nous avons particulièrement aimés sur Terre et dont nous pensons qu'ils veillent sur nous. Or, il s'est agi d'un thème ancien du discours chrétien sur le paradis mais qui, il est vrai, n'avait pas revêtu autrefois toute l'importance que nous lui accordons aujourd'hui. Il est absent, par exemple, des œuvres de saint Thomas d'Aquin et de Bossuet.

Pourtant saint Cyprien avait écrit : « Dans l'au-delà, nous attendent en grand nombre ceux qui nous furent chers. Nous sommes désirés par une foule de parents, de frères et d'enfants. Aller les voir et les embrasser, quelle joie pour eux et pour nous ! » Saint Bernard, s'adressant à son frère mort, lui disait : « En te revêtant de Dieu tu ne t'es pas dépouillé de ta sollicitude pour nous... Puisque la charité ne meurt jamais, tu ne m'oublieras jamais. » Sainte Thérèse d'Avila fut un jour « transportée en esprit au ciel » et là, dit-elle, « les premières personnes que je vis furent mon père et ma mère ».

S'éloignant de la tentation du merveilleux, le chrétien d'aujourd'hui doit accepter le vide des représentations relatives à l'au-delà. Perte sévère mais compensée par l'espoir d'une réalisation des « béatitudes » dans l'univers à venir. La face cachée du monde est celle où la prophétie de Jésus deviendra réalité : ceux qui pleurent seront consolés ; ceux qui ont faim et soif de justice seront rassasiés ; les miséricordieux obtiendront miséricorde. Le paradis, selon le christianisme, sera l'actualisation de ces rêves fous.

Les auteurs

Jean Bazin Directeur d'études à l'EHESS ; directeur du centre d'anthropologie des mondes contemporains.

Alain Corbin Professeur à l'université de Paris-I, Panthéon-Sorbonne.

Geoffrey Crossick Professeur d'histoire à l'Université d'Essex, vice-président de l'université.

Jean Delumeau Professeur honoraire au Collège de France.

Serge-Christophe Kolm Directeur d'études à l'École des hautes études en sciences sociales de Paris.

Abdallah Laroui Professeur à l'Université Mohamed-V à Rabat.

Jacques Le Goff Directeur d'études à l'EHESS.

Pascal Ory Professeur d'histoire à l'université Paris-I, Panthéon-Sorbonne.

Françoise Parot Maître de conférences d'histoire de la psychologie à l'université René-Descartes (Paris-V), et chercheur associée de l'équipe de recherches épistémologiques et historiques sur les sciences exactes et les institutions scientifiques.

Jean-Claude PASSERON Directeur d'études à l'EHESS.

Michelle PERROT Professeur émérite de l'université Paris-VII-Denis-Diderot.

Alain SCHNAPP Professeur d'archéologie à l'université de Paris-I.

Table*

* Le chiffre entre parenthèses qui suit le nom d'auteur correspond au numéro du tome grand format de l'Université de tous les savoirs, publié par les Éditions Odile Jacob, dans lequel se trouvait la conférence.

Que soient ici remerciés le Conservatoire national
des arts et métiers (CNAM) qui a accueilli l'Université
de tous les savoirs et les partenaires qui ont participé
au rayonnement national et international de l'Utls :
Télérama, *Le Monde* et France Culture, Radio France,
la chaîne parlementaire-Assemblée nationale, La 5e,
Le Monde des débats, Sanofi-Synthélabo.

L'Université de tous les savoirs
En Poches Odile Jacob

Parution : janvier 2002

Tome 1 : La Géographie et la Démographie
Tome 2 : L'Histoire, la Sociologie et l'Anthropologie
Tome 3 : L'Économie, le Travail, l'Entreprise

Parution : février 2002

Tome 4 : La Vie
Tome 5 : Le Cerveau, le Langage, le Sens
Tome 6 : La Nature et les Risques

Parution : mars 2002

Tome 7 : Les Technologies
Tome 8 : Questions humaines d'aujourd'hui
Tome 9 : Le Pouvoir, l'État, la Politique

Parution : avril 2002

Tome 10 : Les Maladies et la Médecine
Tome 11 : La Philosophie et l'Éthique
Tome 12 : La Société et les Relations sociales

Parution : mai 2002

Tome 13 : Les Mathématiques
Tome 14 : L'Univers
Tome 15 : Le Globe

Parution : septembre 2002

Tome 16 : La Physique et les Éléments
Tome 17 : Les États de la matière
Tome 18 : La Chimie

Parution : octobre 2002

Tome 19 : Le Monde global
Tome 20 : L'Art et la Culture

DANS LA COLLECTION « POCHES ODILE JACOB »

N° 1 : Aldo Naouri, *Les Filles et leurs mères*
N° 2 : Boris Cyrulnik, *Les Nourritures affectives*
N° 3 : Jean-Didier Vincent, *La Chair et le Diable*
N° 4 : Jean François Deniau, *Le Bureau des secrets perdus*
N° 5 : Stephen Hawking, *Trous noirs et bébés univers*
N° 6 : Claude Hagège, *Le Souffle de la langue*
N° 7 : Claude Olievenstein, *Naissance de la vieillesse*
N° 8 : Édouard Zarifian, *Les Jardiniers de la folie*
N° 9 : Caroline Eliacheff, *À corps et à cris*
N° 10 : François Lelord, Christophe André, *Comment gérer les personnalités difficiles*
N° 11 : Jean-Pierre Changeux, Alain Connes, *Matière à pensée*
N° 12 : Yves Coppens, *Le Genou de Lucy*
N° 13 : Jacques Ruffié, *Le Sexe et la Mort*
N° 14 : François Roustang, *Comment faire rire un paranoïaque ?*
N° 15 : Jean-Claude Duplessy, Pierre Morel, *Gros Temps sur la planète*
N° 16 : François Jacob, *La Souris, la Mouche et l'Homme*
N° 17 : Marie-Frédérique Bacqué, *Le Deuil à vivre*
N° 18 : Gerald M. Edelman, *Biologie de la conscience*
N° 19 : Samuel P. Huntington, *Le Choc des civilisations*
N° 20 : Dan Kiley, *Le Syndrome de Peter Pan*
N° 21 : Willy Pasini, *À quoi sert le couple ?*
N° 22 : Françoise Héritier, Boris Cyrulnik, Aldo Naouri, *De l'inceste*
N° 23 : Tobie Nathan, *Psychanalyse païenne*
N° 24 : Raymond Aubrac, *Où la mémoire s'attarde*
N° 25 : Georges Charpak, Richard L. Garwin, *Feux follets et champignons nucléaires*
N° 26 : Henry de Lumley, *L'Homme premier*
N° 27 : Alain Ehrenberg, *La Fatigue d'être soi*
N° 28 : Jean-Pierre Changeux, Paul Ricœur, *Ce qui nous fait penser*
N° 29 : André Brahic, *Enfants du Soleil*
N° 30 : David Ruelle, *Hasard et Chaos*
N° 31 : Claude Olievenstein, *Le Non-dit des émotions*
N° 32 : Édouard Zarifian, *Des paradis plein la tête*
N° 33 : Michel Jouvet, *Le Sommeil et le Rêve*
N° 34 : Jean-Baptiste de Foucauld, Denis Piveteau, *Une société en quête de sens*
N° 35 : Jean-Marie Bourre, *La Diététique du cerveau*
N° 36 : François Lelord, *Les Contes d'un psychiatre ordinaire*
N° 37 : Alain Braconnier, *Le Sexe des émotions*

N° 38 : Temple Grandin, *Ma vie d'autiste*
N° 39 : Philippe Taquet, *L'Empreinte des dinosaures*
N° 40 : Antonio Damasio, *L'Erreur de Descartes*
N° 41 : Édouard Zarifian, *La Force de guérir*
N° 42 : Yves Coppens, *Pré-ambules*
N° 43 : Claude Fischler, *L'Homnivore*
N° 44 : Brigitte Thévenot, Aldo Naouri, *Questions d'enfants*
N° 45 : Geneviève Delaisi de Parseval, Suzanne Lallemand, *L'Art d'accommoder les bébés*
N° 46 : François Mitterrand, Elie Wiesel, *Mémoire à deux voix*
N° 47 : François Mitterrand, *Mémoires interrompus*
N° 48 : François Mitterrand, *De l'Allemagne, de la France*
N° 49 : Caroline Eliacheff, *Vies privées*
N° 50 : Tobie Nathan, *L'Influence qui guérit*
N° 51 : Éric Albert, Alain Braconnier, *Tout est dans la tête*
N° 52 : Judith Rapoport, *Le Garçon qui n'arrêtait pas de se laver*
N° 53 : Michel Cassé, *Du vide et de la création*
N° 54 : Ilya Prigogine, *La Fin des certitudes*
N° 55 : Ginette Raimbault, Caroline Eliacheff, *Les Indomptables*
N° 56 : Marc Abélès, *Un ethnologue à l'Assemblée*
N° 57 : Alicia Lieberman, *La Vie émotionnelle du tout-petit*
N° 58 : Robert Dantzer, *L'Illusion psychosomatique*
N° 59 : Marie-Jo Bonnet, *Les Relations amoureuses entre les femmes*
N° 60 : Irène Théry, *Le Démariage*
N° 61 : Claude Lévi-Strauss, Didier Éribon, *De près et de loin*
N° 62 : François Roustang, *La Fin de la plainte*
N° 63 : Luc Ferry, Jean-Didier Vincent, *Qu'est-ce que l'homme ?*
N° 64 : Aldo Naouri, *Parier sur l'enfant*
N° 65 : Robert Rochefort, *La Société des consommateurs*
N° 66 : John Cleese, Robin Skynner, *Comment être un névrosé heureux*
N° 67 : Boris Cyrulnik, *L'Ensorcellement du monde*
N° 68 : Darian Leader, *À quoi penses-tu ?*
N° 69 : Georges Duby, *L'Histoire continue*
N° 70 : David Lepoutre, *Cœur de banlieue*
N° 71 : Université de tous les savoirs 1, *La Géographie et la Démographie*
N° 72 : Université de tous les savoirs 2, *L'Histoire, la Sociologie et l'Anthropologie*
N° 73 : Université de tous les savoirs 3, *L'Économie, le Travail, l'Entreprise*
N° 74 : Christophe André et François Lelord, *L'Estime de soi*

CET OUVRAGE A ÉTÉ COMPOSÉ
ET MIS EN PAGES CHEZ NORD COMPO (VILLENEUVE-D'ASCQ)

Imprimé en France sur Presse Offset par

BRODARD & TAUPIN

GROUPE CPI

La Flèche (Sarthe), le 18-12-2001
N° d'impression : 10627
N° d'édition : 7381-1055-X
Dépôt légal : décembre 2001